Renee Baron
Elizabeth Wagele

Bin ich dein Typ – bist du meiner?

HERDER / SPEKTRUM

Band 4534

Das Buch

Warum hat man immer wieder Zoff mit bestimmten Menschen, und warum kommt man mit anderen gut aus? Warum nervt es den einen, wenn im Kino die Tüten knistern, während für andere ein Kinobesuch ohne Popcorn kein Genuß ist? Alltägliche Vorlieben und Abneigungen bestimmen unser Verhältnis zu anderen Menschen – privat und beruflich –, ohne daß wir es wissen. Dieser amüsant geschriebene Ratgeber zeigt anschaulich, woran es liegt und wie man es ändern kann. Mit dem Enneagramm und seinen neun Persönlichkeitstypen entschlüsselt man die Fähigkeiten von sich selbst und anderen Menschen und das, was man von seiner Umwelt erwartet. So gibt es etwa Perfektionisten und Romantiker, Abenteurer und Friedensstifter.

Die Autorinnen stellen die neun Persönlichkeitstypen des Enneagramms anschaulich vor, zeigen charakteristische Verhaltensweisen und Verbindungen zu anderen Typen. Es wird klar, warum es bei dem einen immer kracht und warum es mit dem anderen immer harmoniert. Und es wird klar, welche Strategien man entwickeln kann. So können Sie flexibler und offener auf Menschen und Situationen reagieren als bisher. Die zahlreichen witzigen Cartoons erhellen amüsant und blitzschnell eine „typische" Verhaltensweise – der Aha-Effekt ist garantiert. Ganz gleich, ob Sie sich selber oder Ihre Mitmenschen privat oder am Arbeitsplatz besser kennenlernen möchten, ob Sie den richtigen Partner suchen oder Ihre Beziehungen zu anderen verbessern wollen – dieses verständliche und unterhaltsame Buch liefert Ihnen die Tips, die Sie dazu benötigen.

Die Autorinnen

Renee Baron, Autorin und Psychotherapeutin, setzt das Enneagramm erfolgreich in ihrer Beratungstätigkeit ein. Elizabeth Wagele ist Autorin und Cartoonistin.

Renee Baron
Elizabeth Wagele

Bin ich dein Typ – bist du meiner?

Wie das Enneagramm
Beziehungen einfacher macht

Aus dem Amerikanischen von Judith Mayer

Herder
Freiburg · Basel · Wien

Titel der amerikanischen Originalausgabe:
Are You My Type, Am I Yours?
Relationships Made Easy Through the Enneagram
Harper San Francisco, New York
© 1995 Renee Baron, Elizabeth Wagele

Deutsche Erstausgabe

Gedruckt auf umweltfreundlichem,
chlorfrei gebleichtem Papier

Alle Rechte vorbehalten – Printed in Germany
© Verlag Herder Freiburg im Breisgau 1997
Satz: Fotosetzerei G. Scheydecker, Freiburg im Breisgau
Herstellung: Freiburger Graphische Betriebe 1997
Umschlaggestaltung: Joseph Pölzelbauer
Umschlagmotiv: Elizabeth Wagele
ISBN 3-451-04534-6

In Dankbarkeit meiner Freundin und Co-Autorin
Elizabeth (einer Fünf) gewidmet,
meiner Familie, Jodi, Tami und Dan,
und meinen Freunden und allen spirituell Suchenden
aus der Gemeinschaft der zwölf Schritte
für ihre Liebe und Unterstützung
Renee

Ich widme diese Buch meiner Freundin Renee (einer Zwei),
meiner Familie, Gus, Nick/Michai, Martha/Steve,
Augie und Miranda/Ramy,
und all meinen anderen Freunden
Liz

Den Text haben Renee und Elizabeth verfaßt,
die Zeichnungen stammen von Elizabeth

Inhalt

Im Kino

AUSGANG

Beziehungen
und das Enneagramm

Humor ist die kürzeste Entfernung zwischen zwei Menschen.
Victor Borge

Ganz gleich, ob Sie den richtigen Partner suchen, ob Sie Ihre Beziehungen zu anderen verbessern wollen oder die Menschen ganz allgemein besser verstehen wollen – hier sind Sie richtig. Sie werden auf den folgenden Seiten die neun Menschentypen kennenlernen, wie sie das Enneagramm beschreibt. Einer der Vorteile des Enneagramms ist, daß es in der Lage ist, verschiedene Persönlichkeitszüge und Vorurteile zu identifizieren und zu erklären. Darüber hinaus zeigt uns das Enneagramm, daß es kein Fehler ist, anders als die anderen zu sein.

Die neun Typen könnten in ihrer unterschiedlichen Sichtweise der Welt von neun verschiedenen Planeten stammen. Jeder von ihnen verfügt über ein anderes System von Werten und nimmt eine andere Wirklichkeit wahr als die anderen; jeder hat etwas anderes ins Leben einzubringen und erwartet etwas anderes von ihm.

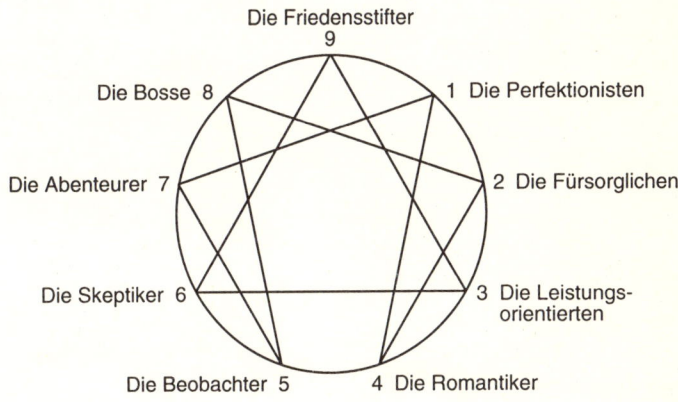

Die Friedensstifter 9

Die Bosse 8 — 1 Die Perfektionisten

Die Abenteurer 7 — 2 Die Fürsorglichen

Die Skeptiker 6 — 3 Die Leistungsorientierten

Die Beobachter 5 — 4 Die Romantiker

Das Enneagramm wird bildlich dargestellt in Form eines Sternes mit neun Spitzen, der sich in einem Kreis befindet. Griechisch *ennea* heißt neun, und *gramm* bedeutet Zeichnung. Das Symbol des Sternes im Kreis ist viele hundert Jahre alt und stammt aus dem Nahen Osten. In den sechziger Jahren des zwanzigsten Jahrhunderts wurde es von dem bolivianischen Psychiater Oscar Ichazo und dem Chilenen Claudio Naranjo, ebenfalls Psychiater, für das Studium verschiedener Persönlichkeitstypen weiterentwickelt. Seitdem wird das Enneagramm von Menschen unterschiedlichster Disziplinen gelehrt und weiterentwickelt. Inzwischen gibt es Kurse, in denen man den neun verschiedenen Typen beim Reden zuhören kann.

Das Enneagramm kann ihnen dabei helfen, sich zu verändern und innerlich zu wachsen, den richtigen Partner gezielt auszuwählen oder neuen Schwung in eine schwierige Beziehung zu bringen.

Zunächst einmal sollten Sie herausfinden, welchem Typus Sie angehören. Dazu benötigen Sie genauere Informationen über die einzelnen Typen. In einem zweiten Schritt lernen Sie die acht übrigen Typen kennen, wie sie sich selbst sehen.

Die drei Zentren

Um herauszufinden, welcher Typ Sie sind, können Sie erst einmal überlegen, wo Ihr „Zentrum" liegt. Jedes der Zentren korrespondiert mit einem Teil des Körpers: mit dem Herzen (Typus, Zwei, Drei und Vier), dem Kopf (Typus Fünf, Sechs und Sieben) und dem Bauch (Typus Acht, Neun und Eins). Mit Menschen, die dasselbe Zentrum haben wie Sie selbst, kommen Sie vielleicht besonders gut klar. Enge Beziehungen auch zu den Menschen zu unterhalten, die ein anderes Zentrum haben, kann Ihnen dabei helfen, die Bestandteile Ihrer Persönlichkeit besser miteinander ins Gleichgewicht zu bringen.

Die herz-zentrierten Typen

Die entsprechenden Typen treffen ihre Entscheidungen aus dem Herzen heraus. Sie konzentrieren sich sehr stark darauf, wie andere sie sehen, und verlieren dadurch manchmal den Kontakt mit ihren wahren Gefühlen.

Die Fürsorglichen (Zweier)	*Die Leistungs-orientierten (Dreier)*	*Die Romantiker (Vierer)*
interessieren sich für andere Menschen, kümmern sich um sie und legen Wert darauf, als liebevolle Menschen zu gelten.	versuchen stets, den allgemein gültigen sozialen Normen zu entsprechen und in einem guten Licht zu erscheinen.	haben ein starkes Bedürfnis nach Selbstausdruck und möchten als originell gelten.

Die kopf-zentrierten Typen, die sich vor allem auf das verlassen, was sie denken

Jeder dieser Typen geht in anderer Weise mit Angst um.

Beobachter (Fünfer) verlassen sich auf ihre eigenen Fähigkeiten und sichern sich ab durch Wissen und/oder indem sie sich zurückziehen.	*Skeptiker (Sechser)* versuchen ihre Angst durch Wachsamkeit zu kontrollieren, durch Anerkennung anderer als Autoritätspersonen oder indem sie sich gegen Autorität auflehnen.	*Abenteurer (Siebener)* sind aktiv und optimistisch. Unangenehmen Gefühlen inklusive Angst gehen sie aus dem Weg.

Die bauch-zentrierten Typen

Bei diesen Typen dreht sich alles um Unbeherrschtheit und Wut.

Bosse *(Achter)* haben Macht und keine Angst, ihrem Ärger Luft zu machen.	*Friedensstifter* *(Neuner)* verhalten sich an- gepaßt und nehmen ihren eigenen Ärger gar nicht richtig wahr.	*Perfektionisten* *(Einser)* betrachten Wut als Charakterfehler und unterdrücken sie.

Beim Enneagramm geht es unter anderem darum, daß Sie ler- nen, alle drei Zentren in sich selbst ins Gleichgewicht zu brin- gen.

Flügel und Pfeile

Ihre Persönlichkeit wird von den Typen beeinflußt, die Ihrem eigenen Typ am nächsten sind, den *Flügeln*. Sie wird außer- dem beeinflußt durch die beiden Typen, mit denen Ihr Typ durch Linien verbunden ist, den *Pfeilen*.

Wenn wir uns verändern und innerlich wachsen wollen, können wir versuchen, die positiven Züge der Flügel und Pfeile in unsere Persönlichkeit zu integrieren und die negativen Züge abzuschwächen. Es bleiben vier Typen übrig, zu denen wir normalerweise kaum Zugang haben, es sei denn, wir sind durch einen Elternteil oder sonst eine wichtige Person in unserem Leben mit ihnen in Berührung gekommen. Ziel ist es, in einem Prozeß des Wachstums und der Erneuerung die gesunden Aspekte aller neun Typen in uns aufzunehmen.

Nachdem Sie herausgefunden haben, wo Ihr Zentrum liegt, können Sie damit beginnen, Ihren Typ einzukreisen, indem Sie die Fragebögen zu Beginn jedes Kapitels ausfüllen. Möglicherweise ist Ihr Typ einer der zwei oder drei Typen, bei denen Sie die höchste Punktzahl erreichen. Es muß jedoch nicht unbedingt der Typ mit der höchsten Punktzahl sein.

Am besten lesen Sie erst einmal jedes Kapitel, bevor Sie Ihren Typ festlegen.

Subtypen

Jeder Typus besitzt drei Subtypen, basierend auf den drei grundsätzlichen Instinkten, die man zum Leben benötigt: *Selbsterhaltung* (Überleben oder Wohlergehen), *Bezogensein auf andere* (in einer Zweierbeziehung – in manchen Enneagramm-Büchern wird dieser Subtyp auch als *sexuell* bezeichnet) und *Sozialverhalten* (die Art und Weise, in der wir uns in der Gemeinschaft und der Umwelt im weiteren Sinne gegenüber verhalten). Im Idealfall kommen diese Instinkte spontan und in einer der Situation angemessenen Weise zum Zuge. Im Laufe der Persönlichkeitsentwicklung kann es jedoch vorkommen, daß einer oder mehrere dieser Instinkte in gestörter oder übertriebener Weise entwickelt werden. Dadurch sind wir in unseren Verhaltensmöglichkeiten eingeschränkt. Wir können versuchen, unsere Flexibilität zurückzugewinnen, indem wir zunächst einmal herausfinden, wie es um unsere Subtypen bestellt ist, und dann versuchen, sie wieder ins Gleichgewicht zu bringen.

Normalerweise neigen wir dazu, zu ignorieren, wie unsere Subtypen sich manifestieren, und so schubsen sie uns herum, ohne daß wir etwas davon mitbekommen. Sie zu erkennen und zu beobachten lernen kann zu einer beträchtlich erweiterten Selbstwahrnehmung und zu innerem Wachstum führen.

Selbsterhaltungsorientierte Subtypen sind auf ihr Wohlergehen bedacht und selbstgenügsam. Normalerweise sind sie eher vorsichtig und reserviert. Sie befassen sich viel mit allem, was mit ihrem Zuhause zu tun hat, und neigen dazu, Dinge zu horten. In Krisenzeiten prüfen sie ihre eigenen Fähigkeiten. Einige der Menschen, die diesem Subtyp angehören, fordern ihr Sicherheitsbedürfnis durch Wagemut und Unerschrockenheit heraus, aber die meisten kümmern sich lieber um ihre Sicherheit.

Beziehungsorientierte Subtypen gehen auf andere Menschen zu. Sie sind normalerweise lebhaft und energisch und wetteifern mit anderen. Wenn sie eine persönliche Verbindung herstellen möchten, suchen sie direkten Augenkontakt. Befinden sie sich in einer Gruppe, so ist es

das Wichtigste für sie, von einer bestimmten Person innerhalb der Gruppe bemerkt oder gemocht zu werden. Einige dieser Menschen halten es für wichtig, ihre Sorge um andere nicht erkennbar werden zu lassen, und vermeiden es deshalb, sich mit anderen Menschen abzugeben.

Wahrheit/Gerechtigkeit

Sozial orientierte Subtypen engagieren sich entweder mit Begeisterung in Gruppen oder hassen und vermeiden dies. Diejenigen, die Gruppen mögen, finden Freude an gemeinsamen Bemühungen, beschäftigen sich mit dem, was andere tun, und erhöhen ihr Selbstgefühl, indem sie sich mit den wichtigen Themen der Welt, mit Prinzipien und mit der Gerechtigkeit identifizieren.

Häufig gestellte Fragen

Werden wir in unseren Typ hineingeboren? Unserer Ansicht nach sind es angeborene Charakterzüge, die dazu führen, daß wir einen bestimmten Enneagramm-Typ entwickeln. Indem wir eine Persönlichkeit entwickeln und nach Möglichkeiten suchen, mit dem Leben fertigzuwerden, benutzen und überstrapazieren wir diese Charakterzüge. Dadurch nehmen wir uns die Möglichkeit, Charakterzüge zu entwickeln, die unseren eigenen entgegengesetzt sind. So kann z.B. ein Mensch, der sich konkurrenzbewußt und aggressiv verhält, wenn es darum geht, bestimmte Ziele zu erreichen, nicht gleichzeitig ein Tagträumer sein, der die Dinge so nimmt, wie sie kommen.

Kann man seinen Typ verändern? Nein, aber man kann eine gesündere Persönlichkeitsstruktur entwickeln. Um dies zu erreichen, versuchen wir, weniger in unserer begrenzten „typischen" Art verhaftet zu sein und uns den positiven Charakterzügen und Einstellungen aller neun Typen zu öffnen.

Sind bestimmte Typen besser oder schlechter als andere? Nein.

Ich habe etwas von mehreren Enneagramm-Typen. Kann es sein, daß ich mehreren Typen angehöre? Es gibt gemeinsame Züge, die Sie mit allen Typen verbinden, aber die zugrundeliegende Motivation ist unterschiedlich. Das ist entscheidend für das Verständnis des Enneagramms.

Sie werden durch den Gebrauch des Enneagramms innerlich wachsen und dadurch flexibler werden und sich in einer größeren Anzahl von Situationen als bisher angemessen verhalten können, aber Sie behalten in ihrem Verhalten immer einen grundlegenden Stil und eine bestimmte Motivation.

Kommen bestimmte Typen besser mit dem Leben zurecht als andere? Im allgemeinen ja, aber das ist nicht annähernd so wichtig, wie jemanden zu finden,

• den Sie wirklich mögen und achten und der Sie mag und achtet,

• der seelisch stabil ist, sich nicht zurückzieht und bereit ist, Probleme anzugehen.

Die Perfektionisten

Laß mein Gewissen dein Führer sein.

Die Einser-Typen sind in ihrem Handeln von dem Bedürfnis bestimmt, besser zu werden und richtig zu leben.

Einser sind zwar normalerweise anspruchsvoll, manche von ihnen konzentrieren sich jedoch stärker auf politische, religiöse oder ethische Prinzipien als auf eine einwandfreie äußerliche Erscheinung.

Achter, Neuner und Einser stehen für das Bauch-Zentrum und kreisen um Themen wie Unbeherrschtheit und Wut. Einser folgen den Regeln. Sie ärgern sich über die Einschränkungen, die sie sich selbst auferlegen, und darüber, daß andere die Freiheit zu besitzen scheinen, zu tun, was ihnen gefällt.

....

Ich könnte mich wirklich für ihn begeistern, vorausgesetzt, er kommt nie zu spät, ist immer aufrichtig und setzt sich für die Rechte der Frau ein.

Ich würde sie ja gerne fragen, ob sie Lust hat, eine kleine Tour mit dem Auto zu machen, aber ich war seit gestern nicht mehr in der Waschstraße.

Einser von ihrer besten Seite sind	Einser von ihrer schlechtesten Seite sind
ethisch	verurteilend
idealistisch	unflexibel
produktiv	kontrollierend
verläßlich	ständig beunruhigt
fair	streitlustig
aufrichtig	spitzfindig
diszipliniert	unfähig, Kompromisse zu schließen
gewissenhaft	
hilfsbereit	dickköpfig
objektiv	übertrieben ernsthaft
	kritiksüchtig in bezug auf andere

....

Persönlichkeits-Fragebogen

Prüfen Sie, was auf Sie zutrifft.

- ☐ 1. Ich zeige meine Liebe durch Mühe und harte Arbeit.
- ☐ 2. Ich mag es, wenn Ordnung herrscht und alles an seinem Platz ist.
- ☐ 3. Es bereitet mir große Freude, eine Aufgabe zu beenden.
- ☐ 4. Ich tue häufig mehr als ich eigentlich tun müßte.
- ☐ 5. Ich ärgere mich über Menschen, die schlampig arbeiten.
- ☐ 6. Ich mag es nicht, andere zu verurteilen, aber es fällt mir schwer, es bleiben zu lassen.
- ☐ 7. Ich konzentriere mich auf Dinge, die falsch oder defekt sind, und darauf, wie man sie wieder in Ordnung bringen kann.
- ☐ 8. Ich bin meist ernsthaft und mache mir viele Sorgen.
- ☐ 9. Finanziell abgesichert zu sein beschäftigt mich sehr stark.
- ☐ 10. Man kann sich immer auf mich verlassen.
- ☐ 11. Ich bin so sehr damit beschäftigt, mich zu verbessern, daß ich das, was mir leicht gelingt, gar nicht zur Kenntnis nehme.
- ☐ 12. Ich versuche, alles richtig zu machen, um Selbstkritik und Kritik von anderen zu vermeiden.
- ☐ 13. Wenn andere meinen Erwartungen nicht entsprechen oder ihren Teil einer Sache nicht erledigen, bin ich enttäuscht oder fühle mich angegriffen.
- ☐ 14. Wenn ich eifersüchtig oder wütend bin, bemühe ich mich, mir das nicht anmerken zu lassen.
- ☐ 15. Ich hänge an meinen Prinzipien und Überzeugungen.
- ☐ 16. Ich plane jeden Tag sorgfältig durch, um sicherzugehen, daß ich alles erledigen kann.
- ☐ 17. Wenn man mir Unrecht getan hat, kann ich das nur schwer verzeihen.
- ☐ 18. Ich bin vernünftig, praktisch und bleibe immer auf dem Boden der Tatsachen.

☐ 19. Ich versuche ständig, ein besserer Mensch zu sein.
☐ 20. Meine Neigung zu kritisieren nimmt ab, wenn ich sehe, daß sich jemand bemüht, etwas zu ändern.

....

Welcher Subtyp sind Sie?
....

Sie können Kennzeichen von einem, zwei oder von allen drei Subtypen aufweisen.

Innerhalb jedes Typs gibt es drei Subtypen, die die drei Aspekte des Instinktlebens repräsentieren: persönliches Wohlergehen *(selbsterhaltungsorientiert)*, Zweierberziehungen *(beziehungsorientiert)* und Gemeinschaft *(sozial orientiert)*. Diese Subtypen oder Instinkte drücken sich in der Art und Weise, wie wir mit dem Leben umgehen, größtenteils unbewußt aus. Bei den meisten von uns sind jedoch ein oder zwei Subtypen besonders ausgeprägt, und dies beeinträchtigt unser inneres Wachstum.

Wie Einser versuchen, von ihrem Ärger abzulenken oder damit fertigzuwerden, wird im folgenden gezeigt und hängt davon ab, welchem Subtyp sie angehören. Im Zuge einer Entwicklung ihrer Persönlichkeit werden sie diese Einschränkungen überwinden, und ihr Bedürfnis, nach Fehlern zu suchen, wird weniger dominant sein. Sie werden beginnen, das Leben als das zu akzeptieren, was es ist.

Selbsterhaltungsorientierte Einser: „Besorgt und ängstlich"

- Es gibt kaum eine Minute, in der ich mich nicht um irgend etwas sorge: um meine Finanzen, meinen Arbeitsplatz, den Zustand der Welt oder um so geringfügige Dinge wie z. B., was ich zum Abendessen einkaufen soll.
- Veränderungen in der Alltagsroutine machen mir Angst.
- Ich würde eher jahrelang eine unpassende oder unbefriedigende Stelle behalten, als mich der Unsicherheit auszusetzen, einen neuen, besseren Job zu suchen.

- Ich habe das Gefühl, daß ein einziger Fehler alles kaputtmachen könnte.
- Ich plane jedes winzige Detail voraus, um mein Leben in Ordnung zu

Hier wäre dann der Vertrag. Jetzt ist Ihr Baby festes Mitglied des Altenheims „Zum Sonnenuntergang'. Wir freuen uns darauf, ihn oder sie hier eines Tages kurz vor Beginn des 22. Jahrhunderts begrüßen zu dürfen.

halten und zu kontrollieren. Sobald ich damit aufhöre, mich um mich selbst zu sorgen, fange ich an, mir Sorgen um diejenigen zu machen, die ich liebe: ob es ihnen gutgeht.
- Ich stelle mir oft vor, daß jemand mich und alles, was ich tue, ganz genau prüft und an allem herumkritisiert.
- Ich vergleiche mich oft mit anderen, korrigiere an mir herum und entschuldige mich – oder habe jedenfalls das Gefühl, daß ich mich entschuldigen sollte.
- Manchmal zögere ich, weil ich Angst habe, einen Fehler zu machen.

Beziehungsorientierte Einser: „Unsicher und eifersüchtig"

Langsam wird die Eifersucht meiner Frau lächerlich. Neulich blätterte sie in meinem Kalender und fragte mich, wer May sei.[1]
Rodney Dangerfield

- Ich neige dazu, übertrieben besitzergreifend zu sein.
- Ich mache mir Sorgen, daß mein/e Geliebte/r mich wegen eines anderen Menschen, der besser oder attraktiver ist als ich, zurückweisen wird.
- Ich bin besessen davon, mich mit anderen zu vergleichen.

---

[1] Im Englischen ist die Bezeichnung für den Monat Mai zugleich auch ein Frauenname. (Anm. d. Ü.)

24

- Sobald mein/e Partner/in oder Freund/in etwas Positives über jemand anderen sagt, z. B. „Er kann toll kochen", rege ich mich auf, weil ich denke, daß er/sie glaubt, daß ich nicht gut kochen kann.

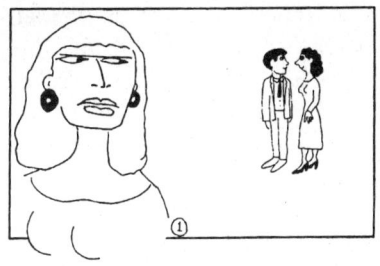

- Ich fühle mich unsicher und beschämt, wenn ich vor Ärger oder Eifersucht nur so schäume. Manchmal verhalte ich mich übertrieben begeistert oder anteilnehmend, um meine wahren Gefühle zu verbergen.
- Ich werde wütend, wenn jemand, der es eigentlich nicht verdient hat, geehrt oder befördert wird oder sich nicht so sehr wie ich um seinen Lebensunterhalt zu sorgen braucht.
- Ich mag die Intensität meiner Gefühle, wenn ich mich in eine leidenschaftliche Beziehung mit jemandem einlasse.
- Ich versuche, meinen Partner dahin zu bringen, daß er meine hohen Erwartungen in ihn erfüllt, damit er oder sie – und unser gemeinsames Leben – noch besser wird.

Sozial orientierte Einser: „Anpassungsfähig oder unangepaßt"

- Manchmal verteidige ich das, woran ich glaube, so unerbittlich, daß ich mich mit allen überwerfe.

- Es kommt vor, daß ich eine Sache oder einen Menschen unbedingt verändern möchte, aber statt etwas zu unternehmen, koche ich nur still vor mich hin. Es ist wichtig, daß man versucht, miteinander auszukommen.
- Oft wird mir vorgeworfen, daß ich stur bin, aber ich bilde mir meine Ansichten erst nach reiflicher Überlegung und sehe nicht ein, warum ich sie ändern sollte.
- Ich halte viel von Zusammenarbeit, aber ich werde nichts tun, das meinen Prinzipien total zuwiderläuft.
- Wenn Menschen sich nicht meinen Ansprüchen entsprechend verhalten, habe ich das Gefühl, ihnen sagen zu müssen, worum es geht.
- Ich fühle mich von Gruppen angezogen, die meine Ideale teilen, aber oft mache ich dann viel zuviel, weil die anderen ihre Aufgaben nicht korrekt erledigen. Das endet oft damit, daß ich verstimmt bin und die Gruppe verlassen muß.

Gefühlsorientierte Einser versuchen häufig, sich anzupassen, sind dazu aber nicht immer in der Lage. Einser, deren Schwerpunkt eher auf dem Denken liegt, neigen dazu, sich nur selten anzupassen und streitlustig zu sein.

Flügel

Die Flügel sind die beiden Typen, die jedem Typ unmittelbar benachbart sind. Wenn Einser zu ihrem Neunerflügel hin tendieren, wirken sie relativ unberührt. Tendieren sie zu ihrem Zweierflügel, so neigen sie in höherem Maße dazu, Gefühle zu zeigen.

Einser mit einem starken Neunerflügel neigen zur Bequemlichkeit und sind meist objektiv, gemäßigt, unpersönlich und dickköpfig.

Einser mit einem starken Zweierflügel sind meist hilfsbereit, einfühlsam, sensibel für andere, imagebewußt, aufmerksamkeitheischend und neigen dazu, alles kontrollieren zu wollen.

Es kommt gelegentlich vor, daß Menschen die Persönlichkeitseigenschaften eines ihrer Flügel mehr als diejenigen ihres eigentlichen Typs nach außen hin verkörpern.

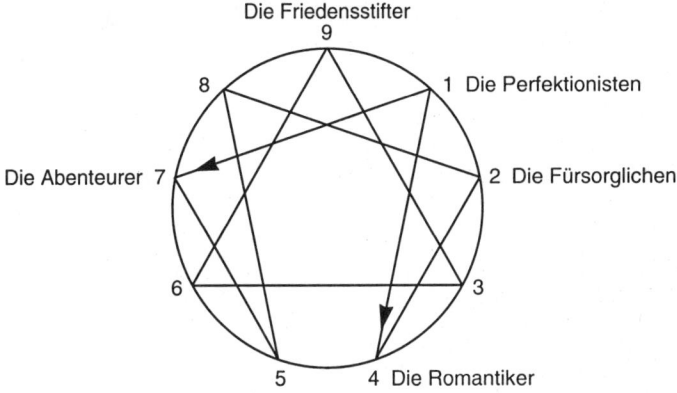

Pfeile

Ihre Persönlichkeit wird außerdem beeinflußt von den beiden Typen, die mit Ihrem Typ durch Linien verbunden sind, den *Pfeilen* Vier und Sieben.

Wie Flügel und Pfeile Ihr Verhalten in Beziehungen beeinflussen

Wir besitzen eine natürliche Verbindung zu unseren Flügeln und Pfeilen. Sie kommen ins Spiel, ohne daß wir es bemerken: ihre positiven Aspekte, wenn wir uns ruhig und gut aufgehoben fühlen, die negativen Aspekte in Zeiten der Belastung. Wenn wir an uns selbst etwas verändern wollen, können wir versuchen, die positiven Aspekte unserer Flügel und Pfeile bewußt anzunehmen und ihre negativen Züge zu vermeiden. Vielleicht haben Sie Lust, die Kapitel über Neuner, Zweier, Vierer und Siebener zu lesen, um mehr über diese Typen zu erfahren.

Beide Flügel der Einser haben einen abmildernden Effekt auf diese manchmal allzu angespannte Persönlichkeit. Wenn Sie lieber weniger ernst und streng sein möchten, versuchen Sie, die ruhigen und weichen Züge ihres Neunerflügels stärker zu aktivieren. Versuchen Sie, die Dickköpfigkeit der Neuner jedoch zu vermeiden. Ihr Zweierflügel kann Ihnen dabei helfen, Wärme, Sorge um andere und Begeisterung auszudrücken. Vermeiden Sie jedoch, Ihrem Partner Schuldgefühle einzuflößen, wenn er Ihre Ratschläge nicht befolgt.

Betonen Sie Ihren Siebenerpfeil, um Ihre Stimmung aufzuhellen, um freigebiger und spontaner zu werden und um mehr Freude am Leben zu haben. Die negative Seite Ihres Siebenerpfeils ist, daß er Sie dazu bringen kann, zuviel zu essen oder zu trinken, Drogen zu nehmen oder andere gefährliche Dinge zu tun.

Ihr Viererpfeil kann einen ganz anderen Effekt auf Ihre Persönlichkeit haben. Er kann Sie dazu bringen, stärker in sich gekehrt zu sein, so daß Sie Ihre tieferliegenden Gefühle wahrnehmen und Ihre Kreativität nutzen können. Was die negative Seite dieses Pfeils angeht, so kann es vorkommen, daß Sie sich hoffnungslos oder wenig liebenswert fühlen, wenn Sie oder Ihr Partner Ihre Erwartungen nicht erfüllen.

Einser in Hochform leisten eine Menge und sind in der Lage, Probleme auf eine kluge und gerechte Art zu lösen. Wenn es ihnen gutgeht, sind sie realistisch, verständig, können die Meinungen anderer annehmen und haben einen ausgeprägten Sinn für Humor.

Typische Einser-Charakterzüge
bei berühmten Leuten und Filmfiguren
(Spekulationen der Autorinnen)

Fair und objektiv: Sandra Day O'Conner, Richterin am Obersten Bundesgericht, Kapitän Jean-Luc Picard aus „Raumschiff Enterprise. Das nächste Jahrhundert"

Prinzipientreu und idealistisch: Thomas Jefferson, Nelson Mandela, Florence Nightingale, William F. Buckley jr., Atticus in „Wer die Nachtigall stört", Barbara Jordan, Mario Cuomo, Alexander Solschenizyn, Harry Truman, Margaret Thatcher, Stevie Wonder (der seine Karriere unterbrach, um politisch aktiv zu werden und dazu beizutragen, den Geburtstag von Martin Luther King jr. zu einem nationalen Feiertag zu machen)

Geschäftig, wählerisch und eigen: Judith Martin (Miss Manners), Felix Unger in „The Odd Couple", Mary Poppins, Dana Carveys „Kirchendame", Emily Post

Feurig und leidenschaftlich: Tina Turner, John Bradshaw

Klar und elegant: Johann Sebastian Bach

Klassenbewußt und genau: Fred Astaire

Dem Wandel verschrieben: Martin Luther, Ralph Nader, Dr. Jack Kevorkian, Cesar Chavez

Berühmte Paare

Einser und Einser:	George und Martha Washington
Einser und Zweier:	Al und Tipper Gore
Einser und Dreier:	William Holden und Faye Dunaway in „Network"
Einser und Vierer:	Katharine Hepburn und Spencer Tracy
Einser und Fünfer:	Joanne Woodward und Paul Newman

Einser und Sechser:	Arthur Miller und Marilyn Monroe
Einser und Siebener:	Emma Thompson und Kenneth Branagh
Einser und Achter:	Tina und Ike Turner
Einser und Neuner:	Gene Siskel und Roger Ebert, Filmkritiker

Perfektionisten in Beziehungen

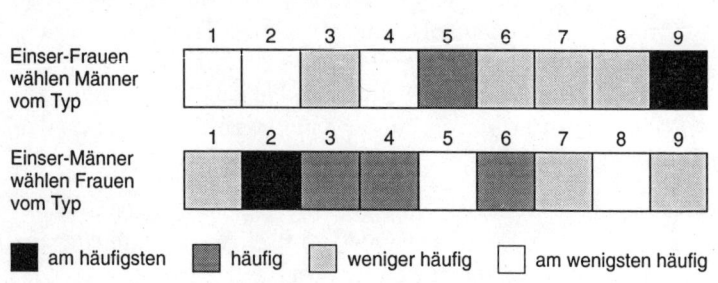

*Wenn eine Aufgabe erst einmal
angefangen ist, dann ruhe nicht,
bis sie erledigt ist,
sei die Arbeit gering oder groß,
mach sie gut oder laß es ganz.*

Was Einser über Einser sagen:

Ich mag Einser, weil wir beide ...

* hohe Ideale haben,
* die Erfolge des anderen zu schätzen wissen,
* Wert darauf legen und viel Energie darauf verwenden, gute Familienmitglieder und Mitglieder der Gemeinschaft zu sein,
* Spaß am Humor des anderen haben,
* zuverlässig sind und unseren Anteil an der Hausarbeit erledigen.

30

Ich habe Ärger mit Einsern, weil wir beide ...

- denken, daß es nur eine richtige Methode gibt, um die Dinge zu erledigen,
- uns gegenseitig in unseren Sorgen verstärken,
- übertrieben ernst sein können,
- unser negatives Urteil oder unseren Ärger über etwas durch wütende Blicke ausdrücken,
- zu beschäftigt sind, um Zeit zu finden, uns miteinander zu entspannen.

Was Einser über Zweier sagen (die Fürsorglichen):

Ich mag Zweier, weil sie ...

- mir gerne helfen und das, was ich für sie tue, zu schätzen wissen,
- gutmütig und warmherzig sind und mir viel Aufmerksamkeit zukommen lassen,
- oft Jugendlichkeit und Verspieltheit ausstrahlen und mir helfen, meine Stimmung aufzuhellen,
- mitbekommen, was in mir vorgeht, manchmal sogar bevor ich es selber merke,
- meine besten Eigenschaften verstärken,
- sich um die Planung unserer gesellschaftlichen Aktivitäten kümmern.

Ich habe Ärger mit Zweiern, weil sie ...

- schon bei der kleinsten Kritik verletzt sind,
- mehr Aufmerksamkeit beanspruchen, als ich ihnen geben kann,
- die Dinge nicht immer methodisch betrachten,
- sich manchmal weigern, die Folgen ihres Handels in Betracht zu ziehen,
- anderen Leuten nachgeben, weil sie gemocht werden wollen,
- den Eindruck machen, als wollten sie dauernd über unsere Beziehung reden.

Was Einser über Dreier sagen (die Leistungsorientierten):

Ich mag Dreier, weil sie ...
- genau wie ich hart arbeiten und viel erreichen,
- mir beibringen, wie man sich auf das Positive an einer Sache konzentriert,
- gut darin sind, Dinge effizient zu erledigen,
- mir die Möglichkeit zu lebhaften Diskussionen geben,
- einen scharfen Blick für das Soziale haben und sich einmischen.

Ich habe Ärger mit Dreiern, weil sie ...
- mich ärgern, wenn sie versuchen, andere zu beeindrucken, indem sie mit ihren Errungenschaften prahlen,
- überempfindlich auf Kritik reagieren und sich zurückziehen, wenn man sie damit konfrontiert,
- sich nicht darum kümmern, wie sie ihre Angelegenheiten perfekt erledigen können,
- dazu neigen, ihrer Arbeit den Vorrang vor ihren familiären Aufgaben zu geben.

Was Einser über Vierer sagen (die Romantiker):

Ich mag Vierer, weil sie ...
- ehrlich über ihre Gefühle sprechen und mir dabei helfen, meine eigenen Gefühle wahrzunehmen,
- spielerisch, witzig und charmant sein können,
- hohe analytische Fähigkeiten besitzen (besonders die Vierer mit einem starken Fünferflügel),
- prinzipientreu und idealistisch sind,
- sich mitfühlend und unterstützend verhalten.

Ich habe Ärger mit Vierern, weil sie ...
- über bestimmten Gedanken brüten, leicht verletzt sind und sich selbst bemitleiden,
- sich endlos lange mit ihren Gefühlen beschäftigen,
- ihre Pflichten solange nicht erledigen, bis sie in der richtigen Stimmung dazu sind,
- stark auf sich selbst bezogen sein können,
- zuviel Aufmerksamkeit beanspruchen.

Was Einser über Fünfer sagen (die Beobachter):

Ich mag Fünfer, weil sie ...
- interessant und klug sind,
- Sicherheit, Tiefe und Substanz ausstrahlen, wenn sie sich zu etwas äußern,
- lebensklug sind und mir guten Rat geben,
- so lange an einer Aufgabe dranbleiben, bis sie sie erledigt haben,
- sparsam und moralisch sind und andere nicht verurteilen,
- nicht von mir verlangen, daß ich ihnen übertrieben viel Zeit widme.

Ich habe Ärger mit Fünfern, weil sie ...
- nur widerstrebend Aufgaben übernehmen, die ich für unerläßlich halte,
- streitsüchtig reagieren, wenn ich ihren Sinn für Logik herausfordere oder nicht ihrer Meinung bin,

- oft langsamer sind als ich und meine Geduld auf die Probe stellen,
- still und zurückgezogen sind, anstatt die Dinge mit mir zu klären.

Was Einser über Sechser sagen (die Skeptiker):

Ich mag Sechser, weil sie ...
- warmherzig sind und sich mitfühlend und unterstützend verhalten (besonders die selbsterhaltungsorientierten Sechser),
- verläßlich sind und hart arbeiten,
- sehr pflichtbewußt sind,
- sich unermüdlich für das einsetzen, woran sie glauben,
- mich in schwierigen Zeiten unterstützen.

Ich habe Ärger mit Sechsern, weil sie ...
- wütend um sich treten und sarkastische Bemerkungen machen oder Anschuldigungen vorbringen (besonders dann, wenn sie ihre eigene Angst verbergen wollen),
- sich noch mehr Sorgen um alles machen als ich selbst,
- flatterhaft und unberechenbar sein können und u.U. alles kontrollieren wollen,
- zögerlich sind.

Was Einser über Siebener sagen (die Abenteurer):

Ich mag Siebener, weil sie ...
- ständig auf der Suche nach neuen Kenntnissen und Erfahrungen sind, genauso wie ich selbst ständig versuche, mich zu verbessern,
- mir zeigen, wie es ist, wenn man flexibel und spontan ist,
- genau wie ich idealistisch sind und die Welt verbessern wollen,
- sich von Rückschlägen und Enttäuschungen nicht unterkriegen lassen,
- ungebundene Geister sind und mir zeigen, wie man sich am Leben freuen kann.

Ich habe Ärger mit Siebenern, weil sie ...

- auf sich selbst bezogen sein können,
- es immer eilig haben und sich keine Zeit nehmen, um auf mich und meine Sorgen zu hören,
- manchmal kritisch, defensiv und selbstgerecht sind,
- Regeln nicht den Stellenwert zugestehen und sie nicht in dem Maße befolgen, wie ich es für nötig halte,
- lieber etwas mehr nachdenken sollten, bevor sie etwas tun.

Was Einser über Achter sagen (die Bosse):

Ich mag Achter, weil sie ...

- mit allem im Leben fertigwerden, ohne sich dabei so viele Sorgen zu machen wie ich,
- begeisterungsfähig und dynamisch sind – was eine tolle Kombination sein kann,
- selbst die Initiative ergreifen,
- mich ermutigen, meine Ziele entschiedener zu verfolgen,
- mutig für das einstehen, woran sie glauben,
- mich ermutigen, meinem Ärger Luft zu machen.

Ich habe Ärger mit Achtern, weil sie …

- alles übertreiben, anstatt sich maßvoll zu verhalten,
- keine Schuld oder Reue empfinden, wenn sie meine Gefühle verletzen,
- ungehobelt sein können und mich dadurch in Verlegenheit bringen,
- heftigen Streit mit mir anfangen,
- sich weigern, die Dinge auf meine Weise zu betrachten.

Was Einser über Neuner sagen (die Friedensstifter):

Ich mag Neuner, weil sie …

- tolerant sind und mich dazu bringen, mich selbst mehr zu akzeptieren,
- mich nicht bedrohen oder versuchen, mich zu manipulieren,
- verständnisvoll sind und andere nicht verurteilen,
- einen weiten Blick auf die Dinge haben und mir helfen, sie im richtigen Verhältnis zueinander zu sehen,
- mich ermutigen, die Dinge leichter zu nehmen und mich an mir selbst zu freuen.

Ich habe Ärger mit Neunern, weil sie …

- mich fast wahnsinnig machen, wenn sie langsam, stur oder unentschlossen sind,
- unverbindlich werden oder in Tagträumereien abgleiten, wenn ich versuche, mit ihnen etwas Wichtiges zu besprechen,
- manchmal stellvertretend durch mich oder andere leben,
- Probleme verharmlosen und hoffen, daß sie von selber verschwinden werden, anstatt sich damit zu befassen.

Je ruhiger der Ehemann, desto wütender die Ehefrau.
Isaac Disraeli

Dinge, die Einser nicht im Traum tun würden

☞ Ihren Ehepartner im Jogginganzug zum 25jährigen Klassentreffen gehen zu lassen,

☞ nicht nachzuprüfen, ob das Wechselgeld auch stimmt,

☞ ihren Gästen zu sagen, daß sie Essen und Getränke selbst mitbringen sollen, weil man selbst vorhat, den ganzen Tag am Strand zu verbringen,

☞ kein bißchen zu helfen, wenn sie ihren Verlobten/ihre Verlobte im Krankenhaus besuchen, wo er/sie sich von einem Unfall erholt,

☞ kein bißchen eifersüchtig zu sein, wenn ihr Partner begeistert von einem neuen Kollegen des jeweils anderen Geschlechts erzählt,

☞ bei einem Geschäftsessen ihr Glas laut schlürfend mit einem Strohhalm leeren,

☞ es auf die leichte Schulter zu nehmen, wenn ihnen das Essen anbrennt, das sie für ihre(n) Verlobte(n) oder Chef gekocht haben.

Wie man mit Einsern klarkommt

- Erkennen Sie die hohen ethischen Maßstäbe und Anforderungen der Einser an, ebenso die Beständigkeit und Sicherheit, die sie in die Beziehung einbringen.
- Zeigen Sie ihnen, daß sie ein vertrauenswürdiger und loyaler Partner sind.
- Loben Sie sie dafür, wie sie sich um andere sorgen und ihnen helfen.
- Zeigen Sie ihre Wertschätzung durch gelegentliche Geschenke oder Umarmungen.
- Geben Sie Fehler zu. Einser mögen es, wenn die Menschen Reue zeigen.

- Lassen Sie bei Streitigkeiten erkennen, daß Sie nach einer Möglichkeit suchen, das Problem konstruktiv zu lösen.
- Leisten Sie Ihren Anteil an den gemeinsamen Pflichten und Haushaltsarbeiten. Einser wollen, daß es gerecht zugeht.
- Legen Sie immer Ihre besten Manieren an den Tag.
- Halten Sie Ordnung, organisieren Sie sich gut und seien Sie pünktlich.
- Vergessen Sie nicht, daß Einser – und besonders gefühlsorientierte Typen – sich selbst die kleinsten negativen Bemerkungen merken, auch solche, die andere Menschen gar nicht mitbekommen hätten.

- Seien Sie freundlich und feinfühlig, wenn Ihr Partner sich bei Ihnen beschwert.
- Wenn nötig, sagen Sie ihm, daß Lob und Ermutigung bei Ihnen zu besseren Resultaten führen als Kritik.

Sie können Einser zusätzlich unterstützen, indem Sie ...

- ihnen versichern, daß sie nicht zu beweisen brauchen, daß sie vollkommen sind,
- sie daran erinnern, daß Sie sie auch dann noch lieben, wenn sie ihren Ärger zeigen. Wenn ein Einser Ihnen genügend vertraut, um sich mit Ihnen so richtig streiten zu können, wird dies eine Menge Spannungen lösen,
- verständnisvoll reagieren, wenn Einser einen Fehler machen,

- gemeinsam verreisen. Bei Einsern kommt es zu einer drama-
tischen Stimmungsaufhellung, wenn sie erst einmal von zu
Hause und von ihren Pflichten weg sind,
- sie dazu bringen, Zeit zur Entspannung und Unterhaltung
einzuplanen.

Die Fürsorglichen

Wenn du geliebt werden willst, sei liebenswert.
Ovid

Zweier sind geleitet von dem Bedürfnis, geliebt zu werden und ihre positiven Gefühle anderen gegenüber auszudrücken.

Zweier neigen dazu, in besonderem Maße von anderen abhängig zu sein, obwohl sich das Angewiesensein auf andere bei allen Typen findet.

Zweier, Dreier und Vierer sind diejenigen Enneagramm-Typen, die ihr Zentrum im Herzen haben und besonders auf ihr Image konzentriert sind bzw. darauf, wie andere sie sehen. Zweier wollen das Leben anderer Menschen verändern und möchten als liebenswert, optimistisch und aufmerksam gelten.

Zweier von ihrer besten Seite sind	Zweier von ihrer schlechtesten Seite sind
liebevoll	indirekt
warmherzig	überangepaßt
anpassungsfähig	überschwenglich
großzügig	(die eher extrovertierten Zweier)
begeisterungsfähig	kontrollierend
aufmerksam	besitzergreifend
verständnisvoll	unaufrichtig
aufnahmefähig	märtyrerhaft
ausdrucksvoll	leicht beeinflußbar
freundlich	hysterisch

Persönlichkeits-Fragebogen

Prüfen Sie, was auf Sie zutrifft.

☐ 1. Ich bin eine freundliche und warmherzige Persönlichkeit.

☐ 2. Ich mache anderen Menschen Komplimente, damit sie sich sicher fühlen, und ich lasse sie wissen, daß sie für mich etwas ganz Besonderes sind.

☐ 3. In Gesellschaft anderer habe ich Schwierigkeiten damit, meine Wünsche zu äußern oder meine eigenen Bedürfnisse überhaupt zu erkennen.

☐ 4. Ich bekomme gern Zustimmung, Respekt, Anerkennung und Bewunderung.

☐ 5. Andere Menschen mögen meine begeisterungsfähige und optimistische Art.

☐ 6. Ich finde es schwierig, jemandem meine negativen Empfindungen direkt mitzuteilen, und so beschwere ich mich dann bei anderen Menschen über sie oder ihn.

☐ 7. Ich leide sehr unter Mißachtung, und wenn man alles, was ich tue, für selbstverständlich hält, bestrafe ich jeden, der sich so verhält, auf unauffällige und indirekte Weise.

☐ 8. Normalerweise ist Geben für mich leichter als Nehmen.

☐ 9. Ich gehe auf andere Menschen zu, und oft bin ich es, der den ersten Schritt tut.

☐ 10. Ich fühle mich vor Sorge um andere erschöpft und krank.

☐ 11. Wenn ich mich unterhalte, halte ich meist Augenkontakt und höre aufmerksam zu.

☐ 12. Manche Leute finden, daß ich übertrieben emotional und dramatisch bin.

☐ 13. Manchmal bemerke ich gar nicht, daß andere das, was ich tue, als selbstverständlich hinnehmen.

☐ 14. Manchmal fühle ich mich sehr einsam.

☐ 15. Wenn ich mich besonders verletzlich und liebebedürftig fühle, versuche ich, es nicht zu zeigen.

☐ 16. Andere Menschen sprechen gern mit mir über ihre Probleme.

☐ 17. Ich weiß meist, was andere empfinden und was sie gerade brauchen.

☐ 18. Ich weiß, wie ich die Leute dazu bringe, mich zu mögen.

☐ 19. Manchmal erwische ich mich selbst dabei, wie ich meine eigenen Interessen zugunsten anderer aufgegeben habe, und bin wütend auf mich selbst.

☐ 20. Ich mag es, wenn ich mich unverzichtbar fühle und anderen dabei helfe, erfolgreicher zu werden.

....

Welcher Subtyp sind Sie?

Sie können Kennzeichen von einem, zwei oder allen drei Subtypen aufweisen.

Innerhalb jedes Typs gibt es drei Subtypen, die die drei Aspekte des Instinktlebens repräsentieren: persönliches Wohlergehen *(selbsterhaltungsorientiert)*, Zweierbeziehungen *(beziehungsorientiert)* und Gemeinschaft *(sozial orientiert)*. Diese Subtypen oder Instinkte drücken sich in der Art und Weise, wie wir mit dem Leben umgehen, größtenteils unbewußt aus. Bei den meisten von uns sind jedoch ein oder zwei Subtypen besonders ausgeprägt, und dies beeinträchtigt unser inneres Wachstum.

Zweier versuchen mit ihrem Bedürfnis, sich in anderen zu verlieren, je nach ihrem Subtyp auf verschiedene Weise fertigzuwerden. Wie, wird im folgenden geschildert. Im Zuge einer Entwicklung ihrer Persönlichkeit brauchen sie die Bewunderung und Zustimmung anderer weniger, um sich selbst zu mögen.

Selbsterhaltungsorientierte Zweier: „Ich verdiene es, etwas Besonderes zu sein"

• Wenn ich zum Dank für das, was ich für andere tue, keine Grußkarten, kleine Geschenke oder sonstige Zeichen von Anerkennung erhalte, bin ich zutiefst verletzt, wütend und am Boden zerstört.

- Ich verwöhne mich gern selbst und gönne mir häufig besondere Leckereien, Einkaufsbummel, besondere Reisen oder irgendeinen anderen Luxus.
- Ich gebe oft mehr Geld aus, als notwendig ist, aber ich habe immer einen guten Grund dafür.
- Ich bin auf der Suche nach jemandem, der mich finanziell und/oder emotional unterstützt.
- Ich fühle mich oft ganz klein und bedürftig, verberge dies jedoch, indem ich mich hilfsbereit und stark gebe.
- Meinem Partner beim Erreichen seiner Ziele zu helfen macht mir Freude und bewirkt, daß ich mir wichtig vorkomme. Außerdem kann ich dadurch das Risiko eigener Mißerfolge umgehen.
- Manchmal habe ich das Gefühl, daß ich es verdiene, wie jemand Besonderes behandelt zu werden, denn schließlich tue ich ja sehr viel für andere.

Beziehungsorientierte Zweier: „Hartnäckig und verführerisch"

- Ich verfolge eisern meine Ziele. Das gilt sowohl in Beziehungen als auch in anderen Bereichen meines Lebens.
- Ich habe Angst, übersehen und vergessen zu werden, wenn ich nicht auf andere zugehe.

- Ich kenne viele Tricks, um Menschen anzulocken, die mich gefühlsmäßig interessieren: Ich poliere meine Persönlichkeit auf, ziehe mich toll an, bin charmant, finde heraus, was sie mögen und was nicht, und lausche aufmerksam auf jedes Wort, das sie sagen.
- Ich sehne mich nach einer engen Beziehung, aber ich weiß aus Erfahrung, daß ich mich darin verlieren kann.
- Ich suche mir häufig Partner, die nicht zu mir passen, denn das schützt mich davor, mich mit meiner Angst vor Intimität auseinanderzusetzen.
- Manchmal suche ich mir einen Partner, von dem ich denke, daß ich ihn verändern, verbessern oder das Beste in ihm zutage fördern kann.
- Ich liebe die Jagd! Ich angle mir jemanden und mache mich erst dann daran, herauszufinden, ob ich ihn mag oder nicht.

Sozial orientierte Zweier: „Ehrgeizig"

Einen großen Menschen zu lieben ist fast so,
als sei man selbst groß.
Suzanne Curchod

- Ich mag es, das Leben anderer Menschen zu verändern.
- Ich spiele gern eine wichtige Rolle; ich mag es, der Anführer oder doch die rechte Hand eines mächtigen Anführers zu sein.
- Zu arbeiten, während andere mich beobachten, macht mir Angst. Es könnte ja sein, daß ich einen Fehler mache und dadurch in Verlegenheit gerate.
- Ich strebe danach, Anerkennung für meine Warmherzigkeit, Freundlichkeit und Sachkenntnis zu erhalten.
- Ich versuche, Zustimmung zu erlangen, indem ich charmant, ermutigend, kompetent und energiegeladen bin und mich zu

Hause als unterhaltsame und freundliche Gastgeberin verhalte.

- Ich bekomme liebend gern Komplimente wie z. B. „Ohne dich hätte ich das nie geschafft."
- Ich setze mich ehrgeizig für die Interessen meines Partners und meines Chefs ein, aber ich nehme ihnen ihren Erfolg übel, wenn ich viel daran mitgearbeitet habe.

Flügel

Flügel sind die beiden Typen, die Ihrem Typus unmittelbar benachbart sind. Wenn Zweier stärker zu ihrem Dreierflügel hin tendieren, sind sie in noch höherem Maße damit beschäftigt, an ihrem Image zu basteln. Tendieren sie mehr zu ihrem Einserflügel, so konzentrieren sie sich darauf, alles korrekt zu erledigen.

Zweier mit einem starkem Einserflügel sind meist prinzipientreu, altruistisch, objektiv, schuldgeplagt, selbstkritisch, haben ein starkes Kontrollbedürfnis, sind selbstgerecht und verurteilend. Sie sind häufig eher introvertiert. Zweier mit einem starken Dreierflügel sind meist gesellig, selbstsicher, ehrgeizig, konkurrenzbewußt und eitel. Sie neigen dazu, andere zu manipulieren und zu täuschen und sind tendenziell eher extrovertiert.

Es kommt gelegentlich vor, daß Menschen die Persönlichkeitseigenschaften eines ihrer Flügel mehr als diejenigen ihres eigenen Typs nach außen hin verkörpern.

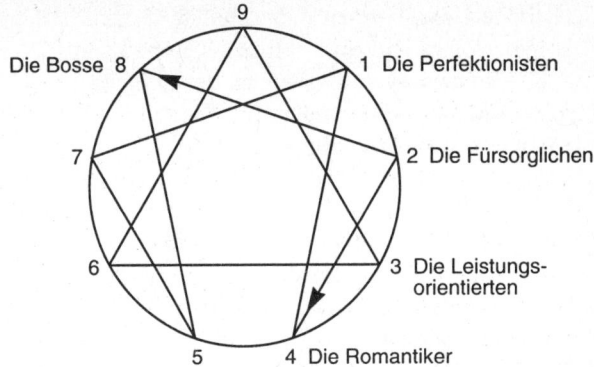

Die Bosse 8 — 9 — 1 Die Perfektionisten
7 — 2 Die Fürsorglichen
6 — 3 Die Leistungs-
orientierten
5 — 4 Die Romantiker

Pfeile

Ihre Persönlichkeit wird auch von den beiden Typen beeinflußt, die mit Ihrem Typus durch *Pfeile* verbunden sind: der Vier und der Acht.

Wie Flügel und Pfeile Ihr Verhalten in Beziehungen beeinflussen

Wir haben eine natürliche Verbindung zu unseren Flügeln und Pfeilen. Sie kommen ins Spiel, ohne daß wir etwas davon bemerken: ihre positiven Aspekte, wenn wir uns ruhig und gut aufgehoben fühlen, die negativen Aspekte in Zeiten der Belastung. Wenn wir an uns selbst etwas verändern wollen, können wir versuchen, die positiven Aspekte unserer Flügel und Pfeile bewußt anzunehmen und ihre negativen Züge zu vermeiden. Vielleicht haben Sie Lust, die Kapitel über Einser, Dreier, Vierer und Achter zu lesen, um mehr über diese Typen zu erfahren?

Die Zweier sind zwischen zwei Flügeln eingebettet, die ihnen sehr viel nützen können. Der Einserflügel kann Ordnung, Klarheit, Objektivität und Idealismus in Ihre Persönlichkeit bringen. Achten Sie jedoch auf die Neigung der Einser, andere zu verurteilen und moralistisch und pessimistisch zu sein. Ihr

Dreierflügel kann Ihnen dabei helfen, energischer und zweck-
mäßiger zu handeln und optimistischer zu sein. Versuchen Sie
jedoch, die negativen Tendenzen der Dreier zu vermeiden, wie
z.B. Selbstbezogenheit oder die Tendenz, ausbeuterisch oder
übertrieben konkurrenzbewußt zu sein.

Wenn Sie sich auf Ihren Viererpfeil zubewegen, kann dies
Ihre Kreativität erhöhen und Ihnen dabei helfen, das ganze
Spektrum Ihrer Gefühle – nicht nur ihre freundlichen Empfindungen – besser zu erkennen und auszudrücken. Sie können
außerdem lernen, ehrlicher zu sein und außer der Hilfsbereit-
schaft noch andere Dinge zu entdecken, die Ihr Selbstwertgefühl stärken. Auf diese Weise werden Sie an sich selbst mehr
Freude haben. Achten Sie jedoch auf die Neigung der Vierer,
neidisch und in sich selbst vertieft zu sein.

Ihr kämpferischer, bestimmen wollender Achterpfeil steht
in einem scharfen Kontrast zu den normalerweise so hilfsberei-
ten Zweiern. Er kann immer dann zum Vorschein kommen,
wenn Sie sich nicht ausreichend wertgeschätzt fühlen. Sie können aber auch die eher positiven Aspekte der Achter übernehmen, um mehr Vertrauen und Stärke zu entwickeln, um ihre
eigenen Bedürfnisse deutlicher auszudrücken und ihre Ziele
konsequenter zu verfolgen. Vermeiden Sie
die Neigung der Achter, andere zu
beschuldigen und anzugreifen und
für alles und jeden die Verantwortung zu übernehmen.

Zweier in Hochform sind warmherzig, freigebig, empathisch und
mitfühlend. Sie sind wunder-
bare Partner und Freunde, die
dennoch in der Lage sind,
ein eigenes Selbstgefühl und
eigene Interessen zu bewahren.

Typische Zweier-Charakterzüge
bei berühmten Leuten und Filmfiguren
(Spekulationen der Autorinnen)

Mitfühlend: Mutter Teresa, Virginia Satir (die Begründerin der Familientherapie)

Freundlich, fürsorglich und warmherzig: Ellen Burstyn, Alan Alda, Dr. T. Berry Brazelton, Sammy Davis jr., Sally Jessy Raphael

Wohltätig: Danny Glover, Sophia Loren, Elizabeth Taylor

Ansteckend liebevoll: Leo Buscaglia, Reverend Cecil Williams von der „San Francisco Glide Memorial Church"

Verführerisch: Marilyn Monroe in „Blondinen bevorzugt", Madonna, Rita Hayworth

Idealistisch: Betty Friedan, Bischof Desmond Tutu

Imagebewußt: Imelda Marcos, Susan Powter

Ratschläge erteilend: Die Kolumnistin Ann Landers, die Psychologin Joyce Brothers

Süchtig nach Liebe: Glenn Close in „Eine verhängnisvolle Affäre", Rebecca in „Cheers"

Unbeirrbare Partnerinnen: Barbara Bush („Ich bin nichts ohne George Bush"), Nancy Reagan

Berühmte Paare

Zweier und Einser:	Alice B. Toklas und Gertrude Stein
Zweier und Zweier:	Die Huxtables in der „Bill Cosby Show"
Zweier und Dreier:	Elvis und Priscilla Presley
Zweier und Vierer:	Jessica Lange und Sam Shepard
Zweier und Fünfer:	Jessica Walter und Clint Eastwood in „Play misty for me"

Zweier und Sechser:	Marlo Thomas und Phil Donahue
Zweier und Siebener:	Kathie Lee Gifford und Regis Philbin (führen gemeinsam ein Restaurant)
Zweier und Achter:	Elizabeth Taylor und Richard Burton
Zweier und Neuner:	Nancy und Ronald Reagan.

Zweier in Beziehungen

Man macht immer nur die Erfahrungen,
die man auch machen möchte.
„Moondog", Dichter auf den Straßen von New York

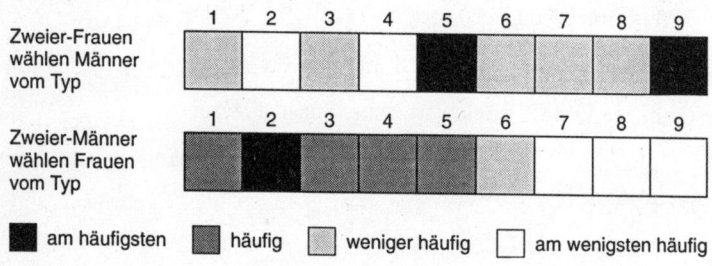

Zweier-Frauen wählen Männer vom Typ

Zweier-Männer wählen Frauen vom Typ

■ am häufigsten ■ häufig ▢ weniger häufig ▢ am wenigsten häufig

Was Zweier über Einser sagen (die Perfektionisten):

Ich mag Einser, weil sie ...
- mir Sicherheit vermitteln: sie sind entschieden, beständig und vertrauenswürdig,
- immer halten, was sie versprechen,
- sich um praktische Details kümmern,
- einen ausgeprägten Sinn für die Pflichten und die Verantwortung für die Gemeinschaft haben,
- die Welt verbessern wollen
- meine Fähigkeit anerkennen, Beziehungen zu anderen Menschen herzustellen und aufrechtzuerhalten.

Ich habe Ärger mit Einsern, weil sie ...

- mich dafür kritisieren, daß ich ihre Maßstäbe nicht erfülle, und dadurch bewirken, daß ich mich verletzt, wütend und wertlos fühle,
- andere Menschen sehr harsch behandeln können und an altem Ärger festhalten,
- ihre liebevollen Gefühle mir gegenüber nicht in der Weise ausdrücken, wie ich es brauche,
- zuviel arbeiten und es nicht schaffen, sich Zeit zu nehmen, um einfach nur Spaß zu haben,
- fürchterlich auf ihr Geld aufpassen.

Was Zweier über Zweier sagen:

Ich mag Zweier, weil wir beide ...

- auf der gleichen Wellenlänge liegen,
- gerne zusammen sind,
- einander das Gefühl geben, wirklich geliebt und geschätzt zu werden,
- großen Wert auf Familie und Freunde legen,
- viele gemeinsame Interessen teilen, z.B. über Leute und Beziehungen zu diskutieren. Wir mögen außerdem dieselben Filme, Theaterstücke und Bücher.

Ich habe Ärger mit Zweiern, weil wir beide ...

- Probleme damit haben, aufrichtig und direkt zu anderen zu sein,
- leicht verletzt sind und sehr empfindlich auf Kritik reagieren,

- uns oft nicht entscheiden können, wohin wir gehen und was wir machen sollen, wenn wir zusammen sind,
- miteinander um die Aufmerksamkeit anderer wetteifern,
- ganz gut im Flirten sind und dadurch den anderen eifersüchtig machen.

Was Zweier über Dreier sagen (die Leistungsorientierten):

Ich mag Dreier, weil sie ...
- voller Energie, optimistisch und ermutigend sind,
- meist Erfolg haben,
- einen guten Eindruck machen,
- gut in die verschiedensten Gruppen passen,
- mir ein Gefühl von Freiheit geben, weil sie nicht erwarten, daß ich Verantwortung für sie übernehme.

Ich habe Ärger mit Dreiern, weil sie ...
- überempfindlich gegen Kritik sein können,
- sich defensiv verhalten, wenn ich mit ihnen über Probleme in unserer Beziehung reden will,
- stark auf sich selbst bezogen und angeberisch sein können,
- so sehr damit beschäftigt sein können, ihre Ziele zu erreichen, daß sie darüber ihr Privatleben vernachlässigen; manchmal scheinen sie mit ihrer Arbeit verheiratet zu sein.

Was Zweier über Vierer sagen (die Romantiker):

Ich mag Vierer, weil sie ...
- mitfühlend und warmherzig sind,
- meine besten Eigenschaften bemerken und zu schätzen wissen,
- ihr reichhaltiges Seelenleben mit mir teilen,

- unglaublich witzig sein können,
- einen einzigartigen Sinn für Stil und für das Schöne haben.

Ich habe Ärger mit Vierern, weil sie ...

- nicht so gern wie ich mit anderen Menschen zusammen sind, besonders, wenn es sich um introvertierte Vierer handelt,
- andere in Beziehungen abwechselnd zu sich heranziehen und dann wegstoßen, ähnlich wie ich selbst,
- sich überlegen geben, manchmal überreagieren und wütend und bissig sind,
- manchmal den Kontakt zur Wirklichkeit verlieren, in ihren eigenen Gefühlen schwelgen und um sich herum eine depressive Stimmung verbreiten.

Was Zweier über Fünfer sagen (die Beobachter):

Ich mag Fünfer, weil sie ...

- einen ansprechenden, unauffälligen Sinn für Humor haben,
- gute Zuhörer sind und mir konstruktives Feedback geben,
- die Nähe zu anderen suchen und Berührungen mögen,
- im Gegensatz zu mir die Fähigkeit besitzen, unabhängig, objektiv und unbeeinflußt zu sein,
- ruhig, unaufgeregt und beständig sind,
- mich dahingehend beeinflussen, daß ich mehr darauf achte, was in mir vorgeht.

Ich habe Ärger mit Fünfern, weil sie ...

- sich in ihre Projekte und Studien vertiefen und mir nicht genügend Aufmerksamkeit zukommen lassen,
- sich zurückziehen, so daß ich mich verletzt fühle und mir verlassen vorkomme,
- häufig zu abstrakt sind,
- auf mich herabsehen, weil sie finden, daß ich zu emotional bin,
- vielfach allzu ruhig sind und darum versuchen, Parties und andere gesellschaftliche Anlässe zu umgehen.

Was Zweier über Sechser sagen (die Skeptiker):

Ich mag Sechser, weil sie ...
- mich respektieren, wenn ich meine Gefühle ehrlich ausdrücke,
- einen ausgeprägten Sinn für Humor haben,
- gewissenhaft, loyal und verantwortungsbewußt sind,
- sich auch um diejenigen kümmern, die nicht erfolgreich und glücklich sind,
- mir das Gefühl geben, daß sie immer für mich da sind.

Ich habe Ärger mit Sechsern, weil sie ...
- mir auf die Nerven gehen, weil sie besessen davon sind, alles zu analysieren und gleich eine Theorie dazu zu entwickeln oder sich ständig um alles Sorgen zu machen,
- immer gleich denken, ich will etwas von ihnen, wenn ich ihnen ein Kompliment mache oder nett zu ihnen bin,
- oft negativ und unberechenbar sind,
- mich auf die Probe stellen, sarkastisch sind und mich aufziehen.

Was Zweier über Siebener sagen (die Abenteurer):

Ich mag Siebener, weil sie ...
- gesellig und lebensfroh sind,
- mir die Freiheit zugestehen, das zu tun, was ich möchte,
- viele Fähigkeiten und Talente besitzen, für die ich stolz auf sie bin,
- das Interesse zu schätzen wissen, das ich für ihre Hoffnungen, Träume und Pläne habe,
- liebenswert und charmant sind, so daß mein Interesse für sie bleibend ist.

Ich habe Ärger mit Siebenern, weil sie …

- mich langweilen und mir unangenehm sind, wenn sie das Gespräch an sich reißen und ununterbrochen über sich selbst reden,
- mich mit ihrer geistigen Energie völlig durcheinanderbringen können,
- mir das Gefühl geben, nicht wichtig zu sein, wenn sie es nicht für nötig halten, mich zu informieren oder um Rat zu bitten,
- Probleme in unserer Beziehung einfach ignorieren, selbst wenn ich diese schon angesprochen habe,
- negativ und unbeweglich sein können.

Was Zweier über Achter sagen (die Bosse):

Ich mag Achter, weil sie …

- Energie und Leidenschaft ins Leben einbringen,
- kraftvoll sind und in engen Beziehungen doch so weich wie ein Teddybär sein können,
- erdverbunden sind und körperliche Nähe lieben,
- mir das Gefühl geben, daß ich etwas Besonderes bin und daß man mir vertrauen kann,
- zu schätzen wissen, daß ich ein guter Zuhörer bin,
- mich beschützen und ermutigen,
- wissen, was sie wollen und das auch freiheraus sagen.

Erzähl mir bloß nicht,
wie mein Tag heute sein soll.
Spruch auf dem T-Shirt eines Achters

Ich habe Ärger mit Achtern, weil sie …

- allzu besitzergreifend sein können und dann zuviel von mir verlangen und mich ausnutzen,
- ein starkes Kontrollbedürfnis haben, andere verurteilen und dominant sind,
- mich bei gesellschaftlichen Anlässen an den Rand drängen und ich mir Sorgen darum machen muß, daß sie sich wo-

möglich unangemessen oder grob benehmen oder zuviel über sich selbst reden,
- meine Gefühle und Bedürfnisse und diejenigen anderer Menschen oft nicht bemerken,
- meine schlimmsten Ängste in bezug darauf wecken, daß ich schwach bin und nicht für mich selbst einstehen kann.

Was Zweier über Neuner sagen (die Friedensstifter):

Ich mag Neuner, weil sie ...
- mich trösten, mich beruhigen und mir das Gefühl geben, etwas Besonderes zu sein und geliebt zu werden,
- Nähe und Vertrautheit mögen,
- gute Zuhörer sind,
- häufig mein Wohlergehen vor ihr eigenes stellen,
- zu schätzen wissen, was ich leiste und was ich für sie tue,
- sanft und freundlich sind.

Ich habe Ärger mit Neunern, weil sie ...
- sich passiv-aggressiv verhalten, anstatt unumwunden „Nein" zu sagen,
- zu gleichgültig, unentschieden und unmotiviert sind,
- nicht immer ihren Teil der Verantwortung übernehmen,
- mich bestrafen, indem sie sich zurückziehen und mich unter ihrem Schweigen leiden lassen,
- ihren eigenen Gewohnheiten und Aktivitäten viel mehr Aufmerksamkeit zukommen lassen als meinen, besonders wenn sie wütend sind.

Dinge, die Zweier nicht im Traum tun würden

☞ Mit leeren Händen zu einer Fete zu kommen, zu der jeder etwas zu essen mitbringen soll,

☞ nicht das gesamte Outfit ihres Partners zu kontrollieren,

☞ Freunden, die ihr Haus neu eingerichtet haben, nicht zu sagen, was für einen guten Geschmack sie haben,

☞ den „Mutter-Teresa-Preis für mitfühlende Bürger" zu erhalten und kein Wort darüber zu verlieren,

☞ zum ersten Mal die Eltern ihres Freundes besuchen, ohne auch nur eine einzige schmeichelhafte Bemerkung zu machen,

☞ ihren Namen anstatt von Hand mit der Schreibmaschine auf die Geburtstagskarte ihres Freundes/ihrer Freundin zu schreiben und keine zuckersüße Botschaft hinzuzufügen,

☞ „Nein" sagen, wenn jemand sie um einen kleinen Gefallen bittet,

☞ nicht zu hoffen, daß ein Mensch, der sie abgewiesen hat, nicht eines Tages auf Knien wieder angekrochen kommt,

☞ sich zu entscheiden, das Enneagramm nur zur eigenen Veränderung zu benutzen, ohne anderen irgendwelche Ratschläge zu geben.

Wie man mit Zweiern klarkommt

- Lassen Sie sie wissen, daß Sie ihre Warmherzigkeit, Großzügigkeit, ihre Begeisterungsfähigkeit und ihren Sinn für Humor schätzen. Danken Sie ihnen für die Einsichten und die Hilfe, die sie Ihnen zukommen lassen. Dann danken Sie ihnen nochmals. Und nochmals. Und wieder und wieder!
- Versichern Sie ihnen oft, daß sie für Sie etwas ganz Besonderes sind. Seien Sie romantisch und lassen sie ihnen kleine Botschaften, Geschenke, Umarmungen usw. zukommen.
- Teilen Sie ihre Lebensfreude und lassen Sie ihnen genügend Freiheit; bei Zweiern stehen Abhängigkeit und Unabhängigkeit in einem ständigen Konflikt.
- Würdigen Sie das Ideal, sich eine schöne und gerechte Welt zu wünschen.
- Vergessen Sie nicht, daß Zweier eine sehr enge Beziehung zu anderen aufbauen können, so daß diese davon ausgehen, sie seien sein bester Freund, um dann plötzlich zu verschwinden, wenn sie das Gefühl haben, daß sie zu sehr gebraucht werden, daß man sie vereinnahmen möchte und daß die Beziehung erstickend wird. Das gilt besonders für extrovertierte Zweier.

- Unterhalten Sie sich mit ihnen über ihr Lieblingsthema:
- Kritik sollten sie sanft und taktvoll anbringen. Sagen Sie Zweiern nie, daß sie unlogisch seien oder die Dinge zu persönlich nähmen. Wenn es dennoch sein muß: Tun Sie es sehr vorsichtig.
- Lassen Sie sie wissen, daß Sie ihre Anwesenheit und das, was sie erreicht haben, schätzen und bewundern. Manche Zweier wollen, daß *jeder* weiß, daß Sie sie lieben!

Sie können Zweier zusätzlich unterstützen, indem Sie ...

- sich für ihr Leben und ihre Probleme interessieren und nicht zulassen, daß sie den Blickpunkt auf Ihre Probleme verlegen,
- sie bitten, Ihnen ehrlich zu sagen, wie sie sich fühlen und was sie wollen, anstatt Ihnen das zu sagen, wovon sie denken, daß Sie es gern hören würden,
- ihnen dabei helfen, zu lernen, Hilfe anzunehmen (Zweier bitten nicht gern um etwas),
- sie dazu ermutigen, ruhig einmal zu riskieren, ihrer Wut Luft zu machen oder sich zu streiten. Achten Sie darauf, mit

ihnen über Grenzen zu sprechen, innerhalb derer sie sich beide sicher fühlen.
- Ermutigen Sie sie, ihren persönlichen Neigungen und kreativen Begabungen nachzugehen.

Janet hat Freude daran,
ganz alleine ihre
kreativen Projekte zu verfolgen.

Die Leistungsorientierten

Früh ins Bett und früh wieder raus,
arbeiten wie der Teufel und für sich werben.
Laurence J. Peter

Dreier sind motiviert von dem Bedürfnis, gut angesehen zu sein und als erfolgreich, produktiv und effizient zu gelten.

Zweier, Dreier und Vierer bilden das Herz-Zentrum des Enneagramms. Dreier möchten in einem positiven Licht gesehen werden und neigen dazu, sich mehr auf ihre äußere Erscheinung zu konzentrieren als darauf, wie sie sich fühlen.

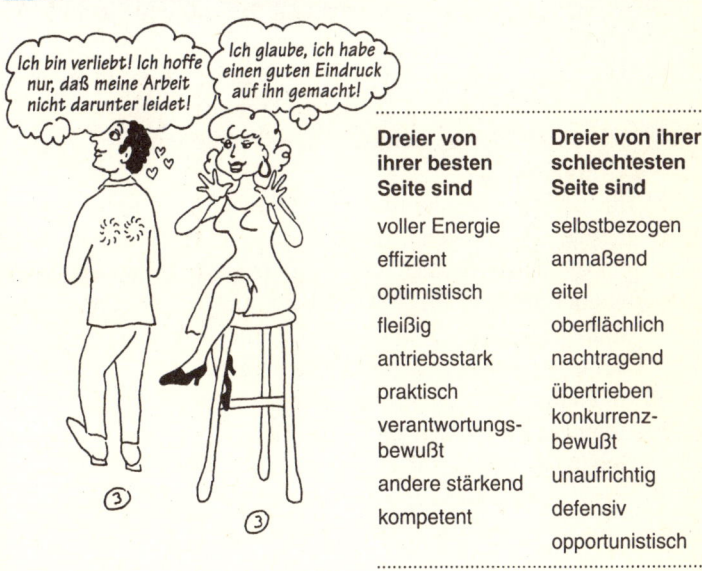

Ich bin verliebt! Ich hoffe nur, daß meine Arbeit nicht darunter leidet!

Ich glaube, ich habe einen guten Eindruck auf ihn gemacht!

Dreier von ihrer besten Seite sind	Dreier von ihrer schlechtesten Seite sind
voller Energie	selbstbezogen
effizient	anmaßend
optimistisch	eitel
fleißig	oberflächlich
antriebsstark	nachtragend
praktisch	übertrieben
verantwortungs-bewußt	konkurrenz-bewußt
andere stärkend	unaufrichtig
kompetent	defensiv
	opportunistisch

Persönlichkeits-Fragebogen

Prüfen Sie, was auf Sie zutrifft.

- [ ] 1. Ich versuche immer, meine Möglichkeiten voll auszuschöpfen und Anerkennung zu bekommen.
- [ ] 2. Ich verfüge über jede Menge Energie. Je mehr ich tue, desto besser fühle ich mich; je besser ich mich fühle, desto mehr tue ich.
- [ ] 3. Ich vertraue auf meine Fähigkeiten.
- [ ] 4. Was ich geplant habe, führe ich zielgerichtet und leidenschaftlich durch.
- [ ] 5. Ich bin auf mich selbst ausgerichtet und finde immer neue Ziele für mich.
- [ ] 6. Ich konzentriere mich eher auf das, was getan werden kann, als auf das, was schiefgehen könnte.
- [ ] 7. Ich bin ein guter Verkäufer; es fällt mir leicht, andere zu beeinflussen, zu motivieren und zu überreden.
- [ ] 8. Manchmal ist mir Perfektion weniger wichtig als Effizienz.
- [ ] 9. Ich mag es, wenn andere meine Jugendlichkeit und Vitalität bewundern.
- [ ] 10. Für mich scheint die Arbeit wichtiger zu sein als für meinen Partner und für meine Freunde.
- [ ] 11. Ich vermeide es, tiefgründige Gespräche über Gefühle zu führen.
- [ ] 12. Im Umgang mit Freunden betone ich gern die positiven Dinge, die ich getan habe: mit wem ich mich getroffen habe, wie es in der Schule oder am Arbeitsplatz läuft, wie ich mich politisch engagiere, was mein Sporttraining macht usw. Manchmal stelle ich meine Vorzüge auch in subtiler oder indirekter Weise heraus.
- [ ] 13. Ich achte sehr darauf, wie andere auf mich reagieren.
- [ ] 14. Ich übertreffe mich gern selbst.
- [ ] 15. Ich habe Angst vor zuviel Nähe und breche u. U. eine Beziehung ab, die mir zu vertraut zu werden droht.
- [ ] 16. Ich füge mich gut in die verschiedensten Gruppen von Menschen ein.

□ 17. Ich arbeite effizient, kann mich gut organisieren und bin in der Lage, mehrere Dinge auf einmal zu erledigen.

□ 18. Für andere mag es einfach aussehen, aber ich arbeite hart, um meine Ziele zu erreichen.

□ 19. Manchmal bin ich neidisch auf Leute, die erfolgreicher sind als ich.

□ 20. Konflikten gehe ich normalerweise aus dem Weg.

Welcher Subtyp sind Sie?

Sie können Kennzeichen von einem, zwei oder von allen drei Subtypen aufweisen.

Innerhalb jedes Typs gibt es drei Subtypen, die die drei Aspekte des Instinktlebens repräsentieren: persönliches Wohlergehen *(selbsterhaltungsorientiert)*, Zweierbeziehungen *(beziehungsorientiert)* und Gemeinschaft *(sozial orientiert)*. Diese Subtypen oder Instinkte drücken sich in der Art und Weise, wie wir mit dem Leben umgehen, größtenteils unbewußt aus. Bei den meisten von uns sind jedoch ein oder zwei Subtypen besonders ausgeprägt, und dies beeinträchtigt unser inneres Wachstum.

Für Dreier ist es wichtig, als erfolgreich zu gelten, damit sie sich als wertvolle und liebenswerte Menschen empfinden können. Wie sie dieses Bedürfnis je nach Subtyp in unterschiedlicher Weise äußern, wird im folgenden gezeigt. Im Zuge ihrer Persönlichkeitsentwicklung können Dreier diese Einschränkung überwinden und Befriedigung darin finden, einfach nur dazusein.

Selbsterhaltungsorientierte Dreier: „Sicherheit"

• Finanzielle Sicherheit ist für mich sehr wichtig.
• Ich muß darauf achten, körperlich fit und gesund zu bleiben.

- Ich lerne bei der Arbeit ständig dazu und halte mich über alles Neue in meinem Fach auf dem laufenden, damit ich an meinen Karrierezielen dranbleibe und sie auch erreiche.
- Teamarbeit kann ich gut planen: Ich versuche, mit allen gut auszukommen und halte mich aus Streitigkeiten raus.
- Ich nehme mir nur selten frei; wenn ich in Urlaub fahre, nehme ich oft Arbeit mit.
- Erfolg heißt für mich nicht unbedingt, daß ich der Anführer sein muß und im Zentrum der Aufmerksamkeit stehen möchte. Der Mensch, mit dem ich konkurriere und dem ich gefallen möchte, bin ich selbst.

Dreier dieses Subtyps sind meist weniger extrovertiert und weniger stark auf ihr Image konzentriert als die anderen beiden Subtypen. Es kann schwierig sein, sie überhaupt als Dreier zu erkennen.

Beziehungsorientierte Dreier: „Männlichkeit und Weiblichkeit"

- Ich versuche, Menschen des anderen Geschlechts durch meine Ausstrahlung, meinen Erfolg, meine sexuelle Attraktivität und meine Stärke zu beeindrucken.
- Ich beherrsche die Kunst, attraktiv auszusehen.
- Ich achte sehr darauf, was andere ansprechend finden, und kleide mich entsprechend.
- Ich verändere mein Verhalten immer so, wie es gerade notwendig ist, um für meinen Partner attraktiv zu bleiben.
- Ich will, daß man mich um meine tolle Beziehung zu einem Menschen beneidet, der bewundert wird und ein hohes Sozialprestige genießt.
- Ich vermeide es, mich um jemanden zu bemühen, bei dem das Risiko hoch ist, daß es schiefgeht.

• Ich habe Angst davor, daß andere mich zurückweisen, wenn sie erst einmal erkannt haben, wie ich wirklich bin.

Dreier dieses Subtyps ähneln oft dem beziehungsorientierten Subtyp ihres Sechserpfeils.

Sozial orientierte Dreier: „Prestige"

Nichts ist so wichtig wie die richtige Adresse.
Fran Lebowitz

• Ich bin energiegeladen, effizient und ein starker Anführer. Ich motiviere andere, ihre Sache gut zu machen, finde gute Lösungen für Probleme und erhalte mir die Aufmerksamkeit meines Publikums.

• Ich bin stolz darauf, mit anderen erfolgreichen und einflußreichen Menschen befreundet zu sein.
• Die Organisationen, denen ich angehöre, liefern mir gute Gelegenheiten, mich noch stärker zu profilieren.
• Ich komme in den verschiedensten Gruppen von Menschen gut zurecht.

- Ich passe deshalb so gut in diese verschiedenen Gruppen, weil ich meine Persönlichkeit verändere und mein Verhalten der jeweiligen Situation anpasse.
- Schriftliche Anerkennung, Titel und der soziale Rang sind wichtig für mich.
- Es gibt nichts Schlimmeres, als ein Niemand zu sein.
- Als gedanklich zentrierter Typ konzentriere ich mich auf die Ziele der Gruppe. Als gefühlszentrierter Typ versuche ich, die Harmonie innerhalb der Gruppe aufrechtzuerhalten.

Flügel

Die Flügel sind die beiden Typen, die Ihrem Typus unmittelbar benachbart sind. Der Zweierflügel beeinflußt Dreier dahingehend, daß sie sich besonders auf andere Menschen hin orientieren. Der Viererflügel kann ein ausgeprägtes Vorstellungsvermögen oder einen Hang zur Melancholie mit sich bringen.

Dreier mit einem starken Zweierflügel sind meist gesellig, hilfsbereit und geschickt in sozialen Belangen. Sie können sich gut auf andere einstellen und sind charmant, haben jedoch auch einen Hang dazu, andere zu manipulieren und besitzergreifend und schmeichlerisch zu sein.

Dreier mit einem starken Viererflügel sind häufig kreativ, nach innen gerichtet, verschlossen und ordnen sich unter. Sie sind intellektuell orientiert, launisch, arrogant und anmaßend.

Es kommt gelegentlich vor, daß Menschen die Persönlichkeitseigenschaften eines ihrer Flügel mehr als diejenigen ihres eigentlichen Typs nach außen hin verkörpern.

Pfeile

Ihre Persönlichkeit wird außerdem durch die beiden Typen beeinflußt, die mit Ihrem Typus durch Linien verbunden sind, den *Pfeilen* Sechs und Neun.

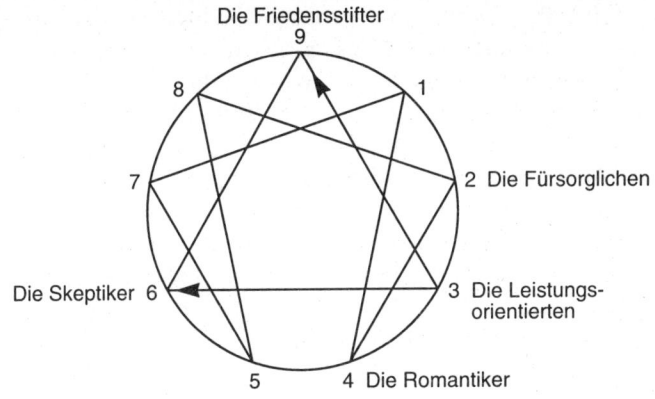

Die Friedensstifter
9
8   1
7   2 Die Fürsorglichen
Die Skeptiker 6   3 Die Leistungsorientierten
5   4 Die Romantiker

Wie Flügel und Pfeile Ihr Verhalten in Beziehungen beeinflussen

Wir besitzen eine natürliche Verbindung zu unseren Flügeln und Pfeilen. Sie kommen ins Spiel, ohne daß wir es bemerken: ihre positiven Aspekte, wenn wir uns ruhig und gut aufgehoben fühlen, und ihre negativen Aspekte in Zeiten erhöhter Belastung. Wenn wir an uns selbst etwas verändern wollen, können wir versuchen, die positiven Aspekte unserer Flügel und Pfeile bewußt anzunehmen und ihre negativen Züge zu vermeiden. Vielleicht haben Sie Lust, die Kapitel über Zweier, Vierer und Sechser und Neuner zu lesen, um mehr über diese Typen zu erfahren.

Als Dreier sind Sie vielleicht einen Großteil Ihrer Zeit damit beschäftigt, alles so zu erledigen, wie Sie es möchten. Sowohl Ihr Zweier- als auch Ihr Viererflügel können Ihnen einen Zugang zur Welt der Gefühle und zu bedeutsamen Beziehungen zu anderen verschaffen. Sie können hilfsbereiter, gefühlsbetonter und mitfühlender werden, wenn Sie Ihren Zweierflügel stärker betonen. Beachten Sie jedoch, daß Zweier dazu neigen, besitzergreifend und eifersüchtig zu sein. Ihr Viererflügel kann den künstlerischen Zug in Ihnen stärker zutage fördern, und Sie können mit seiner Hilfe mehr Einsicht in Ihr Inneres und eine verstärkte Sensibilität gewinnen. Vierer-Charakterzüge, die

Sie eher vermeiden sollten, sind die Neigung, übertrieben dramatisch, snobistisch und distanziert zu sein.

Ihr Sechserpfeil kann Ihnen dabei helfen, mehr Loyalität zu entwickeln, sich stärker in Beziehungen zu engagieren und sich für das einzusetzen, woran Sie glauben. Achten Sie jedoch auf Anzeichen von Feindseligkeit, Unentschiedenheit und Unselbständigkeit. Wenn Sie weniger hektisch werden wollen und statt dessen Ihre rezeptiven Fähigkeiten und Ihre Aufmerksamkeit weiterentwickeln möchten, sollten Sie Ihren Neunerpfeil stärker betonen. Ihr Herzinfarktrisiko wird deutlich geringer werden, je weniger wichtig es für Sie wird, überall zu gewinnen, und je mehr Zeit Sie darauf zu verwenden, sich zu entspannen. Achten Sie jedoch darauf, Neuner-Charakterzüge, wie die Neigung zu mangelnder Sensibilität und Tagträumerei oder nahestehende Menschen durch passiv-aggressives Verhalten zu bestrafen, zu vermeiden.

Dreier in Hochform sind selbstsichere, ausgereifte Persönlichkeiten; sie sind optimistisch und tolerant. Sie lassen anderen die Aufmerksamkeit zukommen, die sie verdient haben, und sie arbeiten auf Lösungen hin, die allen Beteiligten guttun. Gesunde Dreier zeigen allen anderen, wieviel Freude es machen kann, bedeutsame Ziele in der richtigen Weise zu verfolgen.

**Typische Dreier-Charakterzüge
bei berühmten Leuten oder Filmfiguren:**
(Spekulationen der Autorinnen)

In der Lage, sich klar auszudrücken: Larry King, Bryant Gumbel, Oprah Winfrey, Diane Sawyer

In der Lage, andere zu überreden: Oral Roberts, Anthony Robbins

Optimisten: Dick Clark, William Shatner als Captain Kirk in „Raumschiff Enterprise"

Athletisch begabt: Dorothy Hamill, Bruce Jenner, Steve Young

Immer auf Achse und ständig mit irgendeinem Geschäft befaßt: Michael Milken, Maurice in „Northern Exposure"

Männlichkeits- und Weiblichkeits-Ideale: Sharon Stone, Wesley Snipes, Raquel Welch, Michelle Pfeiffer, Brooke Shields, Michael Landon, Kevin Costner, Cindy Crawford

Unterhaltsam: Glen Campbell, John Davidson, Paula Abdul, Nora Ephron.

Berühmte Paare

Dreier und Einser:	Prinz Philip und Queen Elizabeth II.
Dreier und Zweier:	Jim und Tammy Faye Bakker
Dreier und Dreier:	Arnold Schwarzenegger und Maria Shriver
Dreier und Vierer:	F. Scott und Zelda Fitzgerald
Dreier und Fünfer:	Sylvester Stallone und Talia Shire in „Rocky"
Dreier und Sechser:	Richard Dreyfuss und Bill Murray in „Was ist los mit Bob?"
Dreier und Siebener:	Demi Moore und Bruce Willis
Dreier und Achter:	Ivana und Donald Trump
Dreier und Neuner:	Mary Tyler Moore und Donald Sutherland in „Eine ganz normale Familie"

Die Leistungsorientierten in Beziehungen

Du bekommst niemals eine zweite Chance,
um einen ersten Eindruck zu hinterlassen.
Aus einem Werbespot für Head & Shoulders-Shampoo

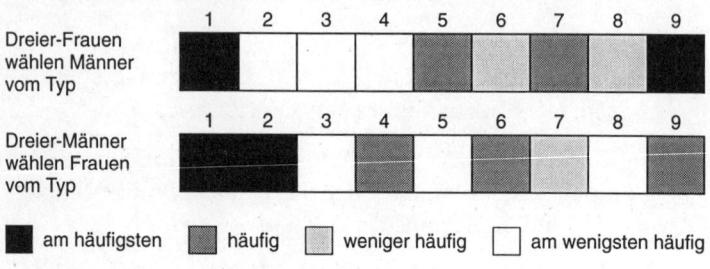

Dreier-Frauen wählen Männer vom Typ

Dreier-Männer wählen Frauen vom Typ

■ am häufigsten ▦ häufig ▨ weniger häufig □ am wenigsten häufig

Was Dreier über Einser sagen (die Perfektionisten):

Ich mag Einser, weil sie ...

- eine Menge leisten, genau wie ich selbst,
- daran arbeiten, ihre Fähigkeiten zu verbessern,
- entschlossen ihre Ideale verfolgen und ihre Aufgaben erledigen,
- realistisch, effizient und verläßlich sind.

Ich habe Ärger mit Einsern, weil sie ...

- sehr angespannt sein können und mich nervös machen,
- mich kritisieren, weil ich nicht so prinzipientreu bin wie sie selber,
- sparsam mit Lob sind,
- nur selten etwas verzeihen können und Fehler niemals vergessen,
- selbstgerecht sind und denken, ihre Art zu leben sei besser als meine.

Was Dreier über Zweier sagen (die Fürsorglichen):

Ich mag Zweier, weil sie …
- meine Wünsche vorausahnen, mich unterstützen und mich wichtig nehmen,
- mir sehr viel Aufmerksamkeit und Zuneigung zukommen lassen,
- warmherzig und verständnisvoll sind und es Spaß macht, mit ihnen zusammenzusein,
- bei anderen einen guten Eindruck hinterlassen,
- sich leicht in jede Gruppe von Menschen einfügen.

Ich habe Ärger mit Zweiern, weil sie …
- beleidigt sind, wenn ich nicht tue, was sie von mir erwarten,
- sich viel zu emotional mit irgendwelchen Nichtigkeiten befassen können,
- versuchen, mich zu manipulieren, damit ich tue, was sie wollen,
- zuviel Aufmerksamkeit von mir verlangen.

Was Dreier über Dreier sagen:

Ich mag Dreier, weil wir beide …
- wissen, wie man die Dinge am besten erledigt, und sehr produktiv sind,
- am anderen das Bedürfnis verstehen, hart zu arbeiten,
- stolz auf unsere äußere Erscheinung sind,
- gerne miteinander Sport treiben, wandern …,
- Freude daran haben, mit interessanten Freunden Kontakt zu pflegen.

Ich habe Ärger mit Dreiern, weil wir beide ...

- uns selbst zuviel abverlangen und dann gestreßt und erschöpft sind,
- uns in unserer Arbeit verlieren und einander nicht mehr genügend Aufmerksamkeit schenken,
- schlecht ausdrücken können, was wir wirklich empfinden,
- uns zurückziehen, sobald in der Beziehung Probleme auftreten,
- allzu konkurrenzbewußt sein können.

Was Dreier über Vierer sagen (die Romantiker):

Ich mag Vierer, weil sie ...

- meine Begabungen und Fähigkeiten zu schätzen wissen und fördern,
- einen sehr guten Geschmack in bezug auf Kleidung und Inneneinrichtung haben,
- warmherzig sind und dafür sorgen, daß meine Kunden, Geschäftspartner und Freunde sich wohl fühlen,
- sehr unterhaltsam und ausdrucksvoll sind, besonders wenn sie extrovertiert sind,
- mir dabei helfen, meine Individualität stärker zu betonen und weniger darüber nachzudenken, was andere wohl von mir denken. Ich mag es, daß Vierer anders sind als die meisten anderen Menschen.

Ich habe Ärger mit Vierern, weil sie ...

- mich durch ihre Stimmungsschwankungen verwirren,
- sich in unvorhersehbarer Weise von mir zurückziehen,
- in bezug auf ihre emotionalen Bedürfnisse wie ein Faß ohne Boden sein können,
- an mir kritisieren, daß ich zu oberflächlich sei, daß ich zuviel Zeit bei der Arbeit verbringen würde und daß ich meine Gefühle nicht analysieren würde,
- mich durch allzu unkonventionelles Verhalten und/oder Kleidung in Verlegenheit bringen.

Was Dreier über Fünfer sagen (die Beobachter):

Ich mag Fünfer, weil sie ...

- behutsam mit mir umgehen,
- sich für meine Projekte interessieren und mir hilfreiches Feedback geben,
- einen schnellen Verstand haben,
- die Dinge auf eine neue Weise sehen,
- sich mit ihren eigenen Projekten beschäftigen und akzeptieren, daß ich auf meine Pläne und Aufgaben viel Zeit verwende,
- ihren unerschöpflichen Wissensvorrat mit mir teilen.

Ich habe Ärger mit Fünfern, weil sie ...

- häufig nicht praktisch genug denken und ins Abstrakte gehen, wenn ich mich ganz den praktischen Aspekten einer Sache widmen möchte,
- sich zurückziehen und beleidigt oder brummig sind, obwohl sie ansonsten Wert auf unsere Beziehung zu legen scheinen,
- unter Umständen nicht ehrgeizig genug sind,
- zu wenig auf ihre äußere Erscheinung achten,
- zu zurückgezogen und gesellschaftsscheu sind.

Was Dreier über Sechser sagen (die Skeptiker):

Ich mag Sechser, weil sie …
- gewissenhaft und verantwortungsbewußt sind,
- meist interessante Menschen sind und einen ausgeprägten Sinn für Humor besitzen,
- meine Arbeit und das, was ich erreiche, zu schätzen wissen, mich gleichzeitig aber dafür lieben, wie ich wirklich bin, nicht für mein Image,
- warmherzig und loyal sind, besonders die gefühlszentrierten Typen; ich weiß, daß sie zu mir stehen und nicht mit jemand anderem abhauen.

Ich habe Ärger mit Sechsern, weil sie …
- anderen die Schuld für ihre Probleme zuschieben, anstatt selbst die Verantwortung dafür zu übernehmen,
- selbst das kleinste bißchen Mißachtung als totale Zurückweisung auffassen, besonders die gefühlszentrierten Sechser,
- andere Menschen kränken und sich überlegen geben, besonders die auf ihr Denken zentrierten Sechser,
- niemals die Möglichkeit in Betracht ziehen, daß alles gut ausgehen könnte; sie machen mich mit ihrem ewigen Pessimismus und ihrer Besorgtheit fast wahnsinnig.

74

Was Dreier über Siebener sagen (die Abenteurer):

Ich mag Siebener, weil sie ...
- positiv, lebendig und fröhlich sind,
- sich für viele Dinge interessieren und vieles gut können; sie finden immer etwas, womit sie sich beschäftigen können, wenn ich mich in meine Arbeit versenke,
- fröhlich, positiv und lebendig sind; ihnen fallen immer wieder aufregende Dinge ein, die wir miteinander tun können,
- genauso viel Energie haben wie ich und darin mit mir Schritt halten können,
- voller lustiger Überraschungen stecken.

Ich habe Ärger mit Siebenern, weil sie ...
- verantwortungslos sind,
- häufig nicht ordentlich genug sind,
- zu oft ihre Meinung wechseln,
- leicht abzulenken sind und mir dann ihre Aufgaben aufhalsen,
- plump oder grob sein können und mich demütigen oder gedankenlose Bemerkungen machen,
- den Anschein erwecken, als würden sie sich mir überlegen fühlen.

Was Dreier über Achter sagen (die Bosse):

Ich mag Achter, weil sie ...
- meist selbstbewußt, tüchtig und erfolgreich sind,
- alles, was sie tun, mit sehr viel Energie angehen,
- mich dazu ermutigen, ehrlich und direkt zu sein,

- mir ein gutes Beispiel geben, indem sie sich nicht um das kümmern, was andere über sie denken,
- loyal, hingebungsvoll und liebevoll sind.

Ich habe Ärger mit Achtern, weil sie ...
- mich gern der Oberflächlichkeit beschuldigen,
- besitzergreifend, grüblerisch und anmaßend sind,
- manchmal schockierende, abgedroschene oder farblose Ausdrücke benutzen,
- andere Menschen nicht immer gut behandeln,
- auf mich oder andere manchmal mit Wutanfällen reagieren.

Was Dreier über Neuner sagen (die Friedensstifter):

Ich mag Neuner, weil sie ...
- ein tiefgreifendes Verständnis für mich aufbringen,
- auf mich entspannend und beruhigend wirken; ich kann mich mit ihnen zusammen in Tagträumereien verlieren, ohne mich schuldig zu fühlen,
- mir zuhören und mich unterstützen,
- mit mir in den Dingen, die ich gerne tue, übereinstimmen,
- andere nicht verurteilen,
- meine Antriebsstärke und Produktivität bewundern.

Ich habe Ärger mit Neunern, weil sie …
- nicht mit meinem Tempo mithalten können,
- zögerlich sind, wenn etwas getan werden muß,
- mir nicht sagen, was sie wollen, selbst bei Kleinigkeiten, z.B. in welchen Film oder in welches Restaurant man gehen soll,
- sich ständig fragen, ob das, was sie tun wollen, auch wirklich das ist, was sie wollen.

Dinge, die Dreier nicht im Traum tun würden

☞ Langsam und in Gedanken eine Treppe hinaufzusteigen, anstatt hinaufzurennen und dabei drei Stufen auf einmal zu nehmen,

☞ zu einem prestigeträchtigen Ereignis eingeladen zu werden und nicht selbstzufrieden festzustellen, daß ihre Konkurrenten nicht eingeladen wurden,

☞ die angesehene Universität nicht zu erwähnen, an der sie ihren Abschluß gemacht haben.

Oh Mann! So gute Würstchen habe ich nicht mehr gegessen, seit ich in HARVARD war!

Angeber!

☞ sich über das Älterwerden aufzuregen,
☞ sich für ihr Klassentreffen nicht richtig fein zu machen,
☞ das eigene Aussehen nicht mit demjenigen des/der „Ex" ihres aktuellen Partners zu vergleichen,

☞ gemeinsam mit jemand anderem den „Emmy" verliehen zu bekommen und ihren Partner zu ermutigen, die Dankesrede zu halten, wenn nur einer von beiden auf die Bühne gehen darf,

☞ mehr als eine Viertelstunde Weinen über das Ende einer fünfjährigen Beziehung zuzulassen.

Wie man mit Dreiern klarkommt

- Erkennen Sie ihren Erfolg und das, was sie erreicht haben, an.
- Begreifen Sie, daß Dreier ihre Wertschätzung in einer Beziehung zu einem großen Teil durch Anstrengung und Fleiß ausdrücken, und würdigen Sie dies.
- Machen Sie sich klar, daß Dreier sich regelrecht krank fühlen können, wenn sie nicht produktiv sein können.

Lassen Sie sie in Ruhe, wenn sie mit etwas beschäftigt sind, und erweitern Sie ihre eigenen Interessen, wenn nötig.

- Geben Sie ihnen ehrliches, objektives Feedback und achten Sie dabei darauf, ihre Gefühle nicht zu verletzen.
- Seien Sie sich bewußt, daß Dreier sich leicht als oberflächlich abqualifiziert fühlen.
- Vermeiden Sie es, vergangene Fehler von neuem anzusprechen, sich auf das Negative zu konzentrieren und allzuviel über Ihre Beziehung zu ihnen zu sprechen.
- Verfolgen Sie gemeinsame Ziele. Dreiern fällt es leichter, Beziehungen im Rahmen gemeinsamen Handelns aufrechtzuerhalten.

- Bewundern Sie sie für ihr Vertrauen, ihren Optimismus, ihre Effizienz und grenzenlose Energie.

Sie können Dreier zusätzlich unterstützen, indem Sie ...

- sie ermutigen, auch im Privatleben ihre Bedürfnisse direkt auszusprechen (im Berufsleben haben Dreier damit meist kein Problem),
- sie dabei unterstützen, gute Freundschaften zu entwickeln,
- sie dazu anhalten, langsamer zu machen und sich zu entspannen (Dreier leben ständig in Hektik),
- sie ermutigen, sich für Dinge einzusetzen, an die sie glauben,
- sie ermutigen, sich mehr um ihr Innenleben zu kümmern,
- sich für ihre Gefühle interessieren.

Jacques lernt gerade, sich auch dann noch sicher zu fühlen, wenn er sich öffnet und seine Gefühle, Gedanken und Ängste zeigt.

Die Romantiker

Es geht mir so schlecht, seit du weg bist.
Es ist fast so, als wärest du hier.
Anonym

Vierer sind motiviert von dem Bedürfnis, ihre Gefühle zu verstehen, herauszubekommen, was ihnen fehlt und was der Sinn des Lebens ist. Sie wollen keine „normalen Leute" sein. Das „Romantische" an ihnen ist, daß sie ein ausgeprägtes Vorstellungsvermögen oder eine Künstlerpersönlichkeit besitzen.

Zweier, Dreier und Vierer bilden das Herz-Zentrum des Enneagramms. Vierer wollen ihre Gefühle ausdrücken, und sie wollen für etwas Besonderes gehalten werden. Weil sie die Realität immer mit ihrer Vorstellung davon vergleichen, wie ihr Leben sein könnte, finden sie an sich und an dem, was sie haben, häufig Fehler.

Vierer von ihrer besten Seite sind	Vierer von ihrer schlechtesten Seite sind
individualistisch	launisch
aufnahmefähig	zurückgezogen
ausdrucksvoll	in sich selbst vertieft
kreativ	neidisch
warmherzig	emotional bedürftig
unterstützend	leicht verletzt
feinsinnig	versnobt
mitfühlend	niedergeschlagen
freundlich	kritisch
geistreich	nachgiebig sich selbst gegenüber

Persönlichkeits-Fragebogen

Prüfen Sie, was auf Sie zutrifft.

☐ 1. Andere Menschen fühlen sich von meiner Kreativität, Warmherzigkeit und der Tiefe meiner Gefühle angezogen.

☐ 2. Ich habe Zugang zu den sorgenvollen und tragischen Aspekten des Lebens.

☐ 3. Mißverstanden zu werden empfinde ich als besonders schmerzhaft.

☐ 4. Ich habe mich lange danach gesehnt, den perfekten Seelengefährten zu treffen, oder ich sehne mich immer noch danach.

☐ 5. Ich habe mich immer wieder von unattraktiven, unerreichbaren, unbrauchbaren oder unpassenden Menschen angezogen gefühlt, oder es geht mir immer noch so.

☐ 6. Ich verhalte mich unterstützend und mitfühlend, besonders wenn jemand gerade eine Krise durchmacht.

☐ 7. Das Leben kommt mir manchmal unendlich banal und langweilig vor.

☐ 8. Den Schmerz anderer Menschen kann ich regelrecht aufsaugen.

☐ 9. Manchmal bin ich melancholisch; dann bemitleide ich mich selbst und sehne mich nach dem, was andere haben und ich nicht.

☐ 10. Ich fühle mich zu dem Besonderen, Leidenschaftlichen hingezogen.

☐ 11. Ich habe viele Träume und Ideale, aber manchmal ist es sehr schwer, sie zu realisieren.

☐ 12. Ich empfinde tiefer als durchschnittliche Menschen. Leute, die immer glücklich sind, sind mir verdächtig.

☐ 13. Ich besitze ein reiches und aktives Vorstellungsvermögen und stelle die Dinge gern in ganz neuer Weise zusammen.

☐ 14. Ich habe eine Schwäche für Kleidung und mag es, mich ausgefallen anzuziehen.

☐ 15. Ich fühle mich oft gehemmt.

☐ 16. Ich glaube, daß ich sehr verletzlich bin.

☐ 17. Es war schwierig, eine Beziehung zu finden, in der ich mich wirklich geliebt fühle.

☐ 18. Manchmal kommt mir mein Partner oder jemand, für den ich mich interessiere, attraktiver vor, wenn er oder sie gerade nicht bei mir ist.

☐ 19. Ich versuche, meine Gefühle zurückzuhalten, damit andere Menschen nicht vor mir die Flucht ergreifen.

☐ 20. Ich bin schon einmal verlassen worden oder habe mich verlassen gefühlt.

....

Welcher Subtyp sind Sie?
....

Sie können die Kennzeichen von einem, zwei oder von allen drei Subtypen aufweisen.

Innerhalb jedes Typs gibt es drei Subtypen, die die drei Aspekte des Instinktlebens repräsentieren: persönliches Wohlergehen *(selbsterhaltungsorientiert)*, Zweierbeziehungen *(beziehungsorientiert)* und Gemeinschaft *(sozial orientiert)*. Diese Subtypen oder Instinkte drücken sich in der Art und Weise, wie wir mit dem Leben umgehen, größtenteils unbewußt aus. Bei den meisten von uns sind jedoch ein oder zwei Subtypen besonders ausgeprägt, und dies beeinträchtigt unser inneres Wachstum.

Vierer kreisen um das Bedürfnis, etwas Besonderes sein zu wollen, oder sie haben mit Verlustgefühlen zu kämpfen. Wie sie – je nach Subtyp – mit diesen für sie zentralen Themen umgehen und wie sie versuchen, davon abzulenken, erfahren Sie im folgenden. Im Zuge ihrer inneren Entwicklung können Vierer diese Begrenzungen überwinden; sie können lernen, in der Realität und in der Gegenwart zu leben, und lernen, daß sie es wirklich verdienen, geliebt zu werden.

Selbsterhaltungsorientierte Vierer: „Unerschrocken"

- Ich hungere förmlich nach Verstärkung und Anregung, damit ich mich lebendig fühle. Ich vermeide den Stumpfsinn und die Bedeutungslosigkeit eines Lebens in Banalität.
- Geburt und Tod, Katastrophen und schwere Krankheiten ziehen mich an.
- Ich habe mich in gefährliche Situationen gestürzt, z.B. indem ich körperliche Risiken eingegangen bin, Gesetze oder Regeln gebrochen habe, mein Vermögen aufs Spiel gesetzt habe, wahllos den Partner gewechselt habe oder Beziehungen eingegangen bin, die mir nicht gutgetan haben.
- Ich kann sehr entschieden und beharrlich sein, wenn es darum geht, mich selbst und andere durch eine Krise hindurchzuretten.
- Ich wehre mich energisch, wenn andere meine Ideale angreifen, mir sagen, was ich tun soll, oder versuchen, mich zu ändern. Es kommt vor, daß ich darauf mit sarkastischen Bemerkungen oder Wutausbrüchen reagiere.
- Ich konzentriere mich bewußt auf meine kreativen Tätigkeiten und Angelegenheiten.
- Ich kann mir gut vorstellen, daß ich imstande wäre, alles, was um mich herum vorgeht und die Sorge ums tägliche Leben völlig zu vergessen, während ich ein bestimmtes Ziel verfolge.
- Ich mag es, diejenigen Aspekte einer Sache hervorzuheben, an die andere noch nie gedacht haben.
- Ich reagiere aggressiv, wenn andere behaupten, sie wüßten, was ich denke und fühle.

Vollkorn-
Frühstücks-
flocken

Wage es ja nicht, mich in irgendeine Schublade einzuordnen!

Beziehungsorientierte Vierer: „Konkurrenz und Neid"

- Ich beneide Menschen, die glücklicher, ausgefüllter oder interessanter zu sein scheinen als ich selbst, ganz besonders diejenigen, deren Begabungen meinen eigenen ähneln.
- Auf Beziehungsprobleme reagiere ich eher mit Niedergeschlagenheit als mit Wut.
- Ich möchte, daß mein Partner unsere Beziehung als einzigartig und intensiv erlebt.
- Ich fühle mich angezogen von dem, was unerreichbar ist und weit entfernt liegt.
- Ich habe mich gesehnt oder sehne mich noch nach einem Seelengefährten oder einem Märchenprinzen/einer Märchenprinzessin, der/die mich von meinem normalen Alltagsleben erlöst.
- Ich bringe meinen Partner regelmäßig dazu, daß er mich verläßt, um ihn dann zurückzugewinnen. Dieses Abstoßen und Anziehen erzeugt Schmerz und Aufregung, erneuert immer wieder die Distanz, die ich brauche, und gibt mir das Gefühl, die Situation zu kontrollieren.
- Ich habe Angst vor zuviel Nähe, weil ich fürchte, daß mein Partner entdecken könnte, daß ich nicht seinem Ideal entspreche.
- Manchmal habe ich das Gefühl, nicht besonders genug zu sein, um wirklich geliebt zu werden.

Sozial orientierte Vierer: „Scham"

Es gibt Menschen, die in ihrer Seele
ein brennendes Feuer tragen,
und doch kommt niemand, um sich daran zu wärmen.
Vincent van Gogh

Das Wort „Scham" wird hier gebraucht im Sinne von Verlegenheit, Erniedrigung und mangelnder Selbstachtung.

- Ich schäme mich, weil ich meiner Vorstellung oder meinem Ideal nicht genüge: Ich finde mich nicht klug oder kreativ genug, ich habe nichts, was ich der Menschheit geben könnte, oder ich habe keine Beziehung, die mich erüllt.

- Ich würde für jeden Fehler oder Fauxpas, den ich mache, am liebsten sterben.
- Ich empfinde mich oft als sozial unzulänglich und versuche dann, vor Charme und Selbstvertrauen nur so zu triefen oder mich so klein und unauffällig wie nur möglich zu machen.
- Ich analysiere mich ständig selbst: Habe ich mich verständlich machen können? Habe ich mich blöd angehört? War ich zu aggressiv? Oder vielleicht zu kompromißbereit?
- Ich träume manchmal davon, einen hohen sozialen Status zu erreichen und sehr viel Ansehen zu genießen, um mich an all denen rächen zu können, die mich gedemütigt oder ausgelacht haben.
- Ich reagiere sehr empfindlich auf Beschämungen und Geringschätzung. Es trifft mich schwer, nicht zu einem Ereignis oder einem Treffen eingeladen zu werden, das meine Freunde und Bekannten besuchen.
- Manchmal rede ich schlecht über mich selbst, um nicht den Neid anderer auf mich zu ziehen.
- Ich komme mir weniger dumm vor, wenn ich innerhalb einer Gruppe eine wichtige Position einnehme, indem ich demonstriere, daß ich in bestimmten Angelegenheiten eine Autorität bin, oder indem ich durch meine Kleidung unmißverständlich ausdrücke, wer ich bin.

Flügel

Flügel sind die beiden Typen, die jedem Typus unmittelbar benachbart sind. Vierer mit einem stärker entwickelten Dreierflügel sind normalerweise lebendiger. Der Fünferflügel charakterisiert eher kontemplative oder intellektuelle Persönlichkeiten.

Vierer mit einem starken Dreierflügel sind häufig energisch und aktiv; sie übertreffen sich gerne selbst und sind konkurrenzbewußt, ehrgeizig, elitär und aufmerksamkeitsbedürftig.

Vierer mit einem starken Fünferflügel sind eher objektiv, ruhig, unkonventionell, originell, rätselhaft, befremdlich, pessimistisch, analytisch veranlagt und zurückgezogen.

Es kommt gelegentlich vor, daß Menschen der Außenwelt eher die Persönlichkeitszüge eines ihrer Flügel präsentieren als ihren eigentlichen Typus.

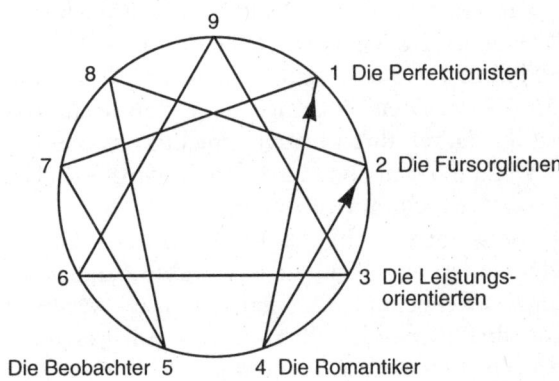

Pfeile

Ihre Persönlichkeit wird auch von denjenigen Typen beeinflußt, die mit Ihrem Typus durch Linien verbunden sind, den *Pfeilen* Eins und Zwei.

Wie Flügel und Pfeile Ihr Verhalten
in Beziehungen beeinflussen

Wir haben eine natürliche Verbindung zu unseren Flügeln und Pfeilen. Sie kommen ins Spiel, ohne daß wir etwas davon bemerken: ihre positiven Aspekte, wenn wir uns ruhig und gut aufgehoben fühlen, die negativen Aspekte in Zeiten der Belastung. Wenn wir an uns selbst etwas verändern wollen, können wir versuchen, die positiven Aspekte unserer Flügel und Pfeile bewußt anzunehmen und ihre negativen Züge zu vermeiden. Vielleicht haben Sie Lust, die Kapitel über Dreier, Fünfer, Einser und Zweier zu lesen, um mehr über Ihre Flügel und Pfeile zu erfahren.

Zwischen einem Vierer mit einem dominanten Dreierflügel und einem Vierer mit einem dominanten Fünferflügel gibt es beträchtliche Unterschiede.

Wenn Sie sich eher in Richtung auf ihren Dreierflügel bewegen, dann sind Sie vermutlich extrovertiert und gesellig, optimistisch, imagebewußt und eventuell auch eine auffallende Erscheinung. Sie können über den Dreierflügel Ihre Energie und Produktivität verstärken. Behalten Sie jedoch auch das Bedürfnis der Dreier im Auge, andere zu beeinflussen, und achten Sie darauf, Ihre Kreativität nicht links liegenzulassen.

Wenn Sie sich eher auf Ihren Fünferflügel zubewegen, dann tragen Sie nicht nur Charakterzüge des Herz-Zentrums in sich, sondern auch solche des Kopf-Zentrums. Da Fünfer generell introvertiert sind, sind Sie sehr wahrscheinlich ein ernsthafter, intellektueller und reservierter Mensch. Wenn Sie manchmal von Ihren Gefühlen überwältigt werden, sollten Sie sich auf den eher objektiven Fünferflügel hin orientieren. Achten Sie jedoch auch darauf, daß Fünfer dazu neigen, pessimistisch und zurückgezogen zu sein.

Ihr praktisch orientierter Einserpfeil kann Ihnen mehr Geschick im Organisieren, mehr Objektivität und eine stärkere Bezogenheit auf Ideale vermitteln. Er kann Sie dazu bringen, weniger nachgiebig sich selbst gegenüber und weniger gefühlsbetont zu sein. Sie sollten aber nicht vergessen, daß Einser auch dazu neigen, selbstkritisch, schuldbeladen oder anspruchsvoll zu sein.

Ihr Zweierpfeil kann Ihnen dabei helfen, anpassungsfähiger und weniger auf sich selbst bezogen zu sein, und Ihrem Ideal, für andere da zu sein, besser zu genügen. Gleichzeitig haben Zweier jedoch die Tendenz, von anderen abhängig zu werden oder andere zu manipulieren – achten Sie darauf. Es kommt vor, daß Vierer mit einem starken Zweierpfeil von anderen verlangen, daß sie ihren Wert unter Beweis stellen, oder sie verzehren sich im Bedürfnis, die volle Aufmerksamkeit ihres Partners zu bekommen.

Vierer in Hochform sind freundlich und bindungsfähig. Sie werden wegen ihrer Warmherzigkeit, ihrer Klugheit und Leidenschaftlichkeit geschätzt, und nicht zuletzt mag man sie, weil sie die schönen Seiten des Lebens zu genießen wissen.

Typische Vierer-Charakterzüge
bei berühmten Leuten und Filmfiguren:
(Spekulationen der Autorinnen)

Sehr dramatisch: Marlon Brando, Sarah Bernhardt, Isadora Duncan, Judy Garland, John Malkovich

Die Seele suchend: Alan Watts, Fjodor Dostojewski, Chris in „Northern Exposure"

Talentiert und kreativ: Joni Mitchell, James Tylor, Judy Collins, Tennessee Williams, John Keats, Edna St. Vincent Millay, Anthony Hopkins, Winona Ryder, Edgar Allen Poe, Liam Neeson, Rudolf Nurejew, Martha Graham

Neidisch: Die böse Stiefmutter in „Schneewittchen und die sieben Zwerge" und in „Hänsel und Gretel"

Mit sich selbst beschäftigt: Kelsey Grammer in „Cheers" und „Frasier", Françoise Sagan

Bereit, für die Liebe zu sterben: Madame Bovary, Anna Karenina

Humorvoll, und bissig: Dick Cavett, Dorothy Parker, Oscar Wilde

Melancholische Männer sind
unter allen Männern die geistreichsten.
Aristoteles

Sensibel: Gustave Flaubert, Charles Baudelaire, Marcel Proust, James Dean, Lord Byron, Claude Debussy, Franz Schubert

Depressiv: Kurt Cobain, Sylvia Plath, Virginia Woolf, Edvard Munch, Vincent van Gogh, Frida Kahlo

Berühmte Paare

Vierer und Einser:	Charlie Brown und Lucie
Vierer und Zweier:	Montgomery Clift und Elizabeth Taylor in „Ein Platz an der Sonne"
Vierer und Dreier:	Kathy Hurley und Ted Dobson, Autoren eines Enneagramm-Buches
Vierer und Vierer:	Liv Ullman und Ingmar Bergman
Vierer und Fünfer:	Jane und Paul Bowles
Vierer und Sechser:	Ophelia und Hamlet
Vierer und Siebener:	Jackie und John F. Kennedy
Vierer und Achter:	Jackie Kennedy und Aristoteles Onassis
Vierer und Neuner:	Paul Simon und Art Garfunkel

Romantiker in Beziehungen

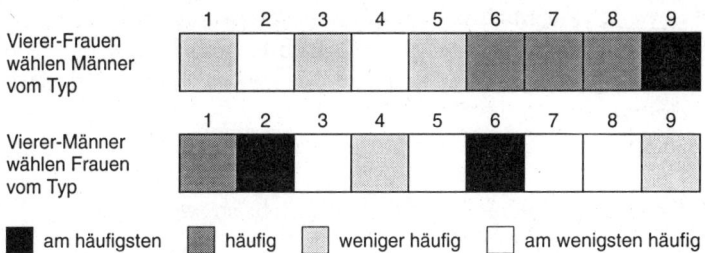

	1	2	3	4	5	6	7	8	9
Vierer-Frauen wählen Männer vom Typ									

	1	2	3	4	5	6	7	8	9
Vierer-Männer wählen Frauen vom Typ									

■ am häufigsten ▨ häufig ▧ weniger häufig □ am wenigsten häufig

Was Vierer über Einser sagen (die Perfektionisten)

Ich mag Einser, weil sie ...
- ihre Versprechen und Verpflichtungen einhalten,
- meine hohen Ideale zu schätzen wissen, so wie ich ihre zu schätzen weiß,
- mich dahingehend beeinflussen, daß ich praktisch denke und mit den Alltagskleinigkeiten in organisierter und effizienter Weise umgehe,
- sich selbst verbessern wollen und mich darum meist zu den kulturellen Veranstaltungen begleiten, die ich gerne besuche,
- einen ausgeprägten Sinn für Humor haben und sehr verspielt sein können, besonders mit Hilfe ihres Siebenerflügels.

Ich habe Ärger mit Einsern, weil sie ...
- durch ihre Kritik meinen Hang zur Scham und zu mangelndem Selbstwertgefühl zutage fördern,
- selbstgerecht sind und versuchen, mich dazu zu bringen, daß ich alles genauso mache wie sie,
- ihre eigenen Gefühle nur schwer ausdrücken können und meine Gefühle verurteilen,
- Schwarzweißmalerei betreiben.

Was Vierer über Zweier sagen (die Fürsorglichen):

Ich mag Zweier, weil sie ...

- viel Zeit für mich haben, mir zuhören, wenn ich über meine Probleme spreche, und meine Gefühle verstehen,
- mich für meine Kreativität und für meinen guten Geschmack loben,
- mich mit ihrer Lebensfreude und mit ihrem Enthusiasmus beleben,
- mir das Gefühl geben, wirklich geliebt zu werden.

Ich habe Ärger mit Zweiern, weil sie ...

- zu nett sind, alles zu positiv sehen und immer lächeln,
- sich darüber beklagen, daß ich mich dauernd mit meinen Gefühlen beschäftige,
- meine Art nicht gut finden und mich dafür verurteilen, daß ich manchmal melancholisch bin,
- mir Ratschläge geben, wenn ich nur verstanden sein will.

Was Vierer über Dreier sagen (die Leistungsorientierten):

Ich mag Dreier, weil sie ...

- häufig attraktiv und charmant sind,
- mir das Gefühl geben, daß jemand sich um mich kümmert,
- anscheinend immer wissen, was sie wollen,
- mich ermutigen, meine Angelegenheiten zielstrebig zu erledigen und meine Kreativität auszuleben,
- optimistisch und begeisterungsfähig sind und dadurch meine gelegentlichen düsteren Stimmungen ausgleichen,
- sich für Dinge engagieren, die gut für die Welt sind, besonders Dreier in Hochform.

Ich habe Ärger mit Dreiern, weil sie ...

- die Schattenseiten des Lebens nicht kennen,
- mich zu verurteilen scheinen, ohne das jemals direkt auszudrücken,

- nahezu alles tun würden, um von anderen akzeptiert zu werden, sogar ihre eigenen Fehler leugnen,
- ständig versuchen, mir irgendwelche schnellen und einfachen Lösungen anzubieten, wenn ich niedergeschlagen bin oder leide,
- Konventionen und Arbeitsethos zu ernst nehmen,
- Verabredungen mit mir absagen, weil sie zuviel zu tun haben.

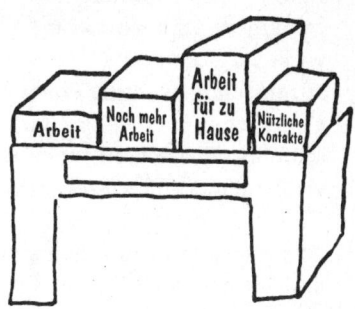

Was Vierer über Vierer sagen:

Ich mag Vierer, weil wir beide …
- die Tiefe unserer Gefühle und unser ästhetisches Interesse teilen,
- uns in den anderen einfühlen können, wenn er melancholisch oder niedergeschlagen ist,
- uns ernsthaft in unsere Beziehung einbringen,
- extrem viel Spaß miteinander haben können,
- miteinander über Dinge reden können, für die sich die meisten anderen Menschen nicht interessieren, z.B. über Intuition oder das Schöpferische.

Ich habe Ärger mit Vierern, weil wir beide …
- oft auf verschiedene Weise Vierer sind: ich selbst z.B. bin vielleicht eher introvertiert und ruhig und fühle mich von Vierern angegriffen, die laut und theatralisch auftreten,
- manchmal tagelang niedergeschlagen sind und dann zu nichts zu gebrauchen sind,
- eklig sein können und dann dem anderen die Schuld für alles mögliche geben,
- ärgerlich werden, wenn der andere nicht die Erwartungen erfüllt, die man an ihn als den perfekten Partner hatte – das ist der Einserflügel in uns.

Was Vierer über Fünfer sagen (die Beobachter):

Ich mag Fünfer, weil sie ...
- freundlich und vorsichtig-zurückhaltend sind und besorgt wirken,
- auf unsere Beziehung einen stabilisierenden Effekt haben,
- alles genau untersuchen und sich Gedanken darüber machen; auf diese Weise vermitteln sie mir wertvolle Einsichten,
- viele meiner Interessen teilen: für abstrakte Ideen, Kunst, Musik, Natur und Reisen,
- genauso unkonventionell sind wie ich,
- eine Fähigkeit besitzen, die ich noch üben muß: sich von den Dingen zu lösen und sie objektiv zu betrachten.

Ich habe Ärger mit Fünfern, weil sie ...
- immer neue Wege finden, sich von mir zu distanzieren und dadurch das Gefühl des Verlassenseins in mir verstärken,
- sich nicht ganz sicher zu sein scheinen, daß sie eine Beziehung wollen,
- sich manchmal nicht darum kümmern, wie sie aussehen,
- manchmal kalt und gefühllos wirken und mich dann dafür verurteilen, zu emotional zu sein.

Was Vierer über Sechser sagen (die Skeptiker):

Ich mag Sechser, weil sie ...
- mir ihre Liebe zeigen, indem sie sich sehr bemühen, mich zu verstehen,
- einen scharfen Verstand und Sinn für Ironie besitzen,
- wie ich selbst eine rebellische Seite in sich haben und rätselhaft und elektrisierend sein können,
- genausosehr wie ich fürchten, verlassen oder mißverstanden zu werden, und versuchen, mir dabei zu helfen, mich sicher zu fühlen.

Ich habe Ärger mit Sechsern, weil sie ...
- mir oft widersprechen, wenn ich etwas sage, was dann zu heftigen Auseinandersetzungen führt,

- mich nervös machen, indem sie sich beunruhigen, sich vor Sorge förmlich zerfressen oder sich mit Entscheidungen herumquälen,
- eine gemeine Ader haben und mißtrauisch oder zynisch sein können und gerne anderen die Schuld zuschieben,
- manchmal mein Selbstvertrauen untergraben, indem sie meine Fähigkeiten in Frage stellen.

Was Vierer über Siebener sagen (die Abenteurer):

Ich mag Siebener, weil sie ...
- einen schnellen Verstand haben und verspielt und neugierig sind,
- sich einzigartige Dinge ausdenken, die wir zusammen machen können,
- die Energie und Leidenschaftlichkeit wettmachen, an denen es mir mangelt,
- denselben Widerwillen wie ich gegen Autoritäten und Ehrfurcht empfinden.

Ich habe Ärger mit Siebenern, weil sie ...
- das Beste der Welt zu verkörpern scheinen, wenn ich sie kennenlerne, und mich dann später durch ihren Mangel an Gefühlstiefe enttäuschen,

- sich von mir angezogen fühlen, weil ich einzigartig, interessant und tiefsinnig bin, und sich dann später darüber beklagen, daß ich nicht heiter genug bin,
- entweder die Flucht ergreifen oder mich aufziehen und Witze machen, wenn ich ernst gestimmt oder niedergeschlagen bin,
- Zweifel und Negativität nicht mögen, so daß ich meine Gefühle unterdrücke.

Was Vierer über Achter sagen (die Bosse):

Ich mag Achter, weil sie ...
- meine Fähigkeit zu schätzen wissen, mich intensiv mit ihnen zu beschäftigen,
- mir mit ihrer Überschwenglichkeit meine Niedergeschlagenheit austreiben,
- mich dazu ermutigen, meine Kreativität offen zu zeigen,
- zügellos, unprätentiös und direkt sein können.

Ich habe Ärger mit Achtern, weil sie ...
- linkische Manieren haben und taktlos sein können,
- manchmal versuchen, mich anzustacheln und grausame Bemerkungen machen,
- zuviel von mir verlangen und wie eine Dampfwalze daherkommen,
- angeekelt wirken und mich zurückweisen, wenn ich ganz in meiner Welt bin.

Was Vierer über Neuner sagen (die Friedensstifter):

Ich mag Neuner, weil sie ...
- nicht dazu neigen, Urteile über andere zu fällen,
- mich freundlich behandeln,
- etwas Spirituelles und Mitfühlendes an sich haben,
- gerne das mitmachen, was ich tue, und eine enge Verbindung zu mir haben,
- nicht versuchen, mich zu ändern oder mir zu drohen,

• das, was ich ausdrücke, meist ausdauernd ertragen können, auch wenn sie es nicht ganz verstehen.

Ich habe Ärger mit Neunern, weil sie ...
• manchmal allzu kompromißbereit sind und alles mit einem Weichspüler versehen,
• mich nicht genug fordern,
• zu unklar sind, wenn sie ihre Gefühle, Bedürfnisse oder andere Informationen mitteilen wollen,
• in ihrer Welt der Gewohnheiten und der Alltagsroutine verschwinden, so daß ich mir verlassen vorkomme.

Sein und ihr EEG:

Dinge, die Vierer nicht im Traum tun würden

☞ Einen zwanzig Seiten langen Tagebucheintrag für ihren Partner in zwei Minuten zusammenzufassen,

☞ die Gestaltung eines Raumes aufdringlich zu finden, aber dennoch zu ignorieren,

☞ boshafte Anschuldigungen und Klatsch über sie selbst einfach zu überhören, mit einem Lachen darüber hinwegzugehen und nicht einen Deut in ihrem Selbstwertgefühl angekratzt zu sein,

☞ ausgerechnet von dem Menschen, auf dessen Urteil sie besonderen Wert legen, für ihre Arbeit heftig kritisiert zu werden und sich trotzdem nicht niedergeschlagen zu fühlen,

97

☞ keine Sekunde darauf zu verschwenden, über ein einzigartiges Outfit für die Verabredung mit ihrem Traummann/ihrer Traumfrau nachzudenken,

☞ zu dem Entschluß zu kommen, daß eine halbe Stunde Jammern über das Ende einer Beziehung mehr als genug ist,

☞ sehr stolz auf ihre tägliche Arbeit zu sein,

☞ nur über die glücklichen Erlebnisse in ihrer Kindheit zu sprechen, und selbst wenn sie sich nur an ein einziges erinnern könnten, dieses eine immer und immer wieder zu erzählen.

Wie man mit Vierern klarkommt

• Würdigen Sie ihre Kreativität, ihr Wahrnehmungsvermögen und ihre Gefühlstiefe.

• Drängen Sie sie nicht dazu, sich in Gesellschaft zu begeben, besonders introvertierte Vierer nicht.

• Erkennen Sie ihre Gefühle und wechselnden Stimmungen an und sagen Sie ehrlich, wie diese auf sie wirken.

- Ermutigen Sie sie, sich genauere Informationen über die Situation zu verschaffen, wenn sie sich angegriffen fühlen, um zu sehen, ob es sich nicht vielleicht um ein Mißverständnis handelt.
- Zeigen Sie ihnen oft, daß Sie sie lieben.
- Vergessen Sie nicht, daß Kritik in ihnen ein Gefühl der Scham hervorrufen kann.
- Denken Sie jedoch auch daran, daß es für keinen von Ihnen beiden gut ist, sich von seiner Labilität und seiner jeweiligen Stimmung beherrschen zu lassen.
- Zeigen Sie ihnen ehrlich, aber behutsam, wie es auf Sie wirkt, wenn sie unrealistisch oder überempfindlich sind oder mit dem Kopf in den Wolken stecken.
- Bieten Sie ihnen keine einfachen Lösungen an, wenn sie unter etwas leiden.
- Versuchen Sie sie nur dann aufzuheitern, wenn Sie ausdrücklich darum gebeten werden.
- Zeigen Sie Verständnis für ihr Bedürfnis, ihre Gefühle auszudrücken und zu verarbeiten.

Es liegt etwas Angenehmes darin,
sich in Ruhe an vergangene Sorgen zu erinnern.
Cicero

Sie können Vierer zusätzlich unterstützen, indem Sie ...

- ihnen Sicherheit vermitteln, wenn sie ihre intensiven Gefühle und ihre Wut ausdrücken wollen,
- versuchen, stark und konzentriert zu bleiben, wenn die Vierer ihr Anziehen-Wegstoßen-Spielchen spielen. Sagen Sie ihnen jedoch ehrlich, was Sie dabei empfinden, und lassen Sie sich, wenn nötig, psychologisch beraten,
- Verständnis für ihr Bedürfnis nach Unabhängigkeit und Autonomie zeigen,
- sie ermuntern, sich an der Gegenwart zu freuen, kreativ zu sein (indem sie schreiben, sich künstlerisch betätigen, Musik machen, tanzen o. ä.), und das nicht nur im stillen Kämmerlein,
- sie ermutigen, einen Beruf zu wählen, den sie als sinnvoll empfinden und in dem sie ihr Einfühlungsvermögen nutzen können.

Die Beobachter

Ich weiß nicht, warum man eigentlich einen Körper hat.
Vermutlich ist er einfach
ein notwendiges Anhängsel für den Kopf.
Paul Bowles

Fünfer sind motiviert von dem Bedürfnis, zu wissen und zu verstehen, sich selbst zu genügen und das Gefühl zu vermeiden, von anderen vereinnahmt zu werden.

Fünfer, Sechser und Siebener bilden das Kopf-Zentrum des Enneagramms. Fünfer sind furchtsam und reagieren überempfindlich auf andere Menschen. Sie sammeln Informationen und sind gern mit sich und ihren eigenen Gedanken und Interessen allein.

> Willst du mich heiraten?

> Ist bei dir denn auch Platz für meine Bücher?

Fünfer von ihrer besten Seite sind	Fünfer von ihrer schlechtesten Seite sind
objektiv	streitsüchtig
konzentriert	arrogant
klug	geizig
freundlich	andere kritisierend
aufgeschlossen	negativ
aufnahmefähig	zurückgezogen
vertrauenswürdig	dickköpfig
ruhig	andere verurteilend
neugierig	verschlossen
einsichtsvoll	weltfremd

Persönlichkeits-Fragebogen

Prüfen Sie, was auf Sie zutrifft.

☐ 1. Ich mag es nicht, wenn andere versuchen, mich zu vereinnahmen oder übertrieben gefühlsbetont sind, besonders, wenn solche Menschen wütend oder aggressiv sind.

☐ 2. Ich neige dazu, mich auf mich selbst zu verlassen und behalte meine Probleme für mich.

☐ 3. Alltagsroutinen wie Essen, Schlafen oder frische Kleider anzuziehen sind mir relativ unwichtig, wenn ich gerade lese oder mich auf etwas Wichtiges konzentriere.

☐ 4. In Gesellschaft anderer bin ich oft schüchtern und fühle mich unwohl.

☐ 5. Es fällt mir wesentlich leichter, Gedanken auszudrükken, als über meine Gefühle zu sprechen.

☐ 6. Ich mag es, viel Zeit alleine zu verbringen.

☐ 7. Ich warte eher darauf, daß andere auf mich zugehen, und gehe nicht von mir aus auf andere zu.

☐ 8. Bei manchen Gelegenheiten fühle ich mich so sehr im Recht, daß ich wütend werde.

☐ 9. Wie ich bestimmte Dinge empfinde, wird mir oft erst nachher klar, wenn ich wieder allein bin.

☐ 10. Ich mag keine gesellschaftlichen Anlässe: Parties mit Small talk machen mir nur dann Spaß, wenn sie im Familienkreis oder mit guten Bekannten stattfinden.

☐ 11. Ich mag es nicht, wenn man mir allgemeine Fragen über mich selbst stellt.

☐ 12. Ich mag es, wenn man mir für mein Wissen Anerkennung zukommen läßt.

☐ 13. Ich versuche, mich aus Streitigkeiten herauszuhalten.

☐ 14. Ich möchte nicht, daß andere Menschen wissen, was ich denke oder fühle, es sei denn, ich erzähle es ihnen selber.

☐ 15. Wenn andere versuchen, in mein Leben einzugreifen, reagiere ich wütend und panisch.

☐ 16. Ich kann zynisch und streitsüchtig sein.

☐ 17. Normalerweise durchdenke ich die Dinge erst, bevor ich darüber spreche; ich zögere oft, weil ich meine Gedanken noch ordnen muß, und sage dann vielleicht gar nichts, weil ich gerade nicht in der Lage bin, adäquat auszudrücken, was ich sagen will.

☐ 18. Manchmal wünsche ich mir, meine sozialen Fähigkeiten wären besser ausgeprägt.

☐ 19. Manchmal finden andere es schwierig, meinem Gedankengang zu folgen.

☐ 20. Die meisten gesellschaftlichen Konventionen interessieren mich nur wenig.

....

Welcher Subtyp sind Sie?
....

Sie können die Kennzeichen von einem, zwei oder von allen drei Subtypen aufweisen.

Innerhalb jedes Typs gibt es drei Subtypen, die die drei Aspekte des Instinktlebens repräsentieren: persönliches Wohlergehen *(selbsterhaltungsorientiert)*, Zweierberziehungen *(beziehungsorientiert)* und Gemeinschaft *(sozial orientiert)*. Diese Subtypen oder Instinkte drücken sich in der Art und Weise, wie wir mit dem Leben umgehen, größtenteils unbewußt aus. Bei den meisten von uns sind jedoch ein oder zwei Subtypen besonders ausgeprägt, und dies beeinträchtigt unser inneres Wachstum.

Fünfer versuchen auf unterschiedliche Weise, mit ihrer Angst zurechtzukommen, je nachdem, welcher Subtyp sie sind. Wie, wird im folgenden geschildert. Im Zuge einer Entwicklung ihrer Persönlichkeit werden sie sich von anderen in weniger hohem Maße kontrolliert und vereinnahmt fühlen und leichter mit anderen Menschen in Kontakt treten können.

Selbsterhaltungsorientierte Fünfer: „My Home Is My Castle"

Ich habe nie einen besseren Gefährten gefunden
als die Einsamkeit.
Henry David Thoreau

- Ich brauche zum Leben einen privaten Raum, wo ich mich konzentrieren kann; ich will nicht mit den Erwartungen anderer, ihren Anforderungen, Fragen, ihrer Aufdringlichkeit, ihren Zwängen und dem Lärm, den sie machen, konfrontiert werden.
- Ich versuche, mein Leben überschaubar zu halten.
- Je mehr Zeit ich mit anderen verbringe, desto mehr fühle ich mich auf dem Trockenen.

- Eine Menge Habseligkeiten zu besitzen würde mich erstikken; was ich aber brauche, ist ein leichter Zugang zu Büchern und anderen Informationsquellen.
- Ich spare gern – sowohl Geld als auch Zeit.
- Ich kann mich auf mich selbst verlassen; nur selten bitte ich andere um Rat oder Hilfe.
- Ich mag es nicht, jemanden zu besitzen oder von jemandem besessen zu werden.

Einige der am stärksten introvertierten Menschen von allen neun Typen gehören diesem Subtyp an.

Beziehungsorientierte Fünfer: „Vertraulichkeiten"

- Meine engsten Beziehungen bestehen oft darin, daß man einander Geheimnisse mitteilt, z. B. Insider-Informationen unter Kollegen. Oder man erzählt sich Dinge über andere Leute, die eigentlich niemand wissen darf. Oder man erfindet mit einem Freund oder jemandem, den man liebt, eine Geheimsprache.
- Dinge für mich zu behalten, verschafft mir einen gewissen Kitzel und ein Gefühl der Macht. Ich räche mich an anderen, indem ich ihnen etwas nicht erzähle, von dem ich weiß, daß sie es gern wüßten.
- Ich will nicht, daß mein Partner mit anderen über unsere Beziehung oder unsere Privatangelegenheiten redet, ohne mich vorher zu fragen.
- Ich habe interessante Gespräche mit Leuten, die ich nicht kenne, obwohl ich nur selten die Initiative dazu ergreife. Insofern ich alles vom Kopf her angehe, rede ich gern über organisatorische, mechanische oder wissenschaftliche Angelegenheiten; als eher gefühlsbetonter Typ diskutiere ich lieber über Literatur, Kunst oder Psychologie.
- Ich weiß diejenigen meiner Bekannten besonders zu schätzen, die meine Grenzen respektieren.
- Ich weiß, daß ich zurückhaltend wirke, aber ich bin oft sehr stark damit beschäftigt, zu beobachten, was vor sich geht. Das ist mir angenehmer, als selbst in das, was passiert, einbezogen zu sein, wobei ich mir dann vielleicht komisch vorkomme oder das Gefühl habe, in Verlegenheit gebracht zu werden.
- Es ist für mich sehr wichtig, meine Gefühle in äußerlich

wahrnehmbarer Weise auszudrücken, weil mich das von meinem Kopf wegbringt und ich mich dann mehr in meinem Körper zu Hause fühle.

- Wenn ich mit meinen Gefühlen alleine bin, kommt mir alles ganz klar vor, wenn ich jedoch versuche, sie meinem Partner oder engen Freunden zu erklären, fehlen mir die richtigen Worte.

Sozial orientierte Fünfer: „Anerkennung und Hierarchie"

- Ich arbeite lieber in einer flexiblen, nicht fest strukturierten Weise und setze mir meine eigenen Ziele.
- Ich schätze es, entweder selbständig zu sein oder einen sicheren Platz in der Hierarchie einer Universität oder eines Unternehmens einzunehmen, auf dem ich relativ autonom arbeiten kann.
- Regeln und Bestimmungen empfinde ich häufig als Hindernisse.
- Wenn ich hochqualifizierte Arbeit leiste, mag ich es, dafür von Leuten, die mir wichtig sind, gelobt zu werden, aber normalerweise fordere ich dieses Lob nicht explizit heraus.
- Entweder gehe ich zu Besprechungen, um dort interessante Leute zu treffen und neue Informationen aufzuschnappen, oder ich vermeide Gruppen und organisierte Treffen ganz.
- Als extrovertierter Mensch schätze ich offene Anerkennung für meine Ideen und Beiträge. Als introvertierter Mensch bin ich meist damit zufrieden, daß man weiß, was ich leiste, und mich respektiert, aber öffentliche Lobeshymnen bringen mich eher in Verlegenheit.
- Ich liebe es, Informationen auszugraben und herauszufinden, was die Experten in meinem Arbeitsbereich und in anderen Bereichen zu sagen haben.

Sozial orientierte Fünfer erscheinen normalerweise extrovertierter als andere Fünfer.

Flügel

Die Flügel sind die beiden Typen, die Ihrem Typ unmittelbar benachbart sind. Fünfer mit einem starken Viererflügel sind normalerweise relativ stark sozial orientiert. Fünfer mit einem starken Sechserflügel können sehr unterschiedlich sein, sind jedoch meist wissenschaftlich oder intellektuell interessierte Menschen.

Fünfer mit einem starken Viererflügel sind meist künstlerisch begabt, haben ein ausgeprägtes Vorstellungsvermögen, sind mit sich selbst beschäftigt und in ihrem Stil persönlich. Sie sind sensibel für die Gefühle anderer, können launisch und melancholisch sein und interessieren sich für ästhetische Fragen.

Fünfer mit einem starken Sechserflügel sind meist logisch denkende, analytische, intellektuelle Menschen. Sie arbeiten hart und sind ängstlich, fürchten die Nähe, sind in gesellschaftlichen Dingen eher unbeholfen und neigen zur Skepsis.

Es kommt gelegentlich vor, daß Menschen eher die Persönlichkeit eines ihrer Flügel nach außen hin repräsentieren als ihren eigentlichen Typus.

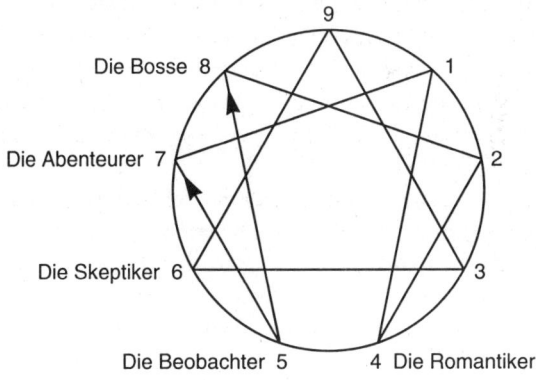

Pfeile

Ihre Persönlichkeit wird auch von den beiden Typen beein-flußt, die mit Ihrem Typ durch Linien verbunden sind, den *Pfeilen* Sieben und Acht.

Wie Flügel und Pfeile Ihr Verhalten in Beziehungen beeinflussen

Wir besitzen eine natürliche Verbindung zu unseren Flügeln und Pfeilen. Sie kommen ins Spiel, ohne daß wir es bemerken: ihre positiven Aspekte, wenn wir uns ruhig und gut aufgehoben fühlen, und ihre negativen Aspekte in Zeiten erhöhter Belastung. Wenn wir an uns selbst etwas verändern wollen, können wir versuchen, die positiven Aspekte unserer Flügel und Pfeile bewußt anzunehmen und ihre negativen Züge zu vermeiden. Vielleicht haben Sie Lust, die Kapitel über Vierer, Sechser, Siebener und Achter zu lesen, um mehr über sie zu erfahren.

Fünfer gehören zum Kopf-Zentrum des Enneagramms und empfinden sich mitunter als zurückgeblieben, was andere Menschen und die Beziehungen zu ihnen angeht. Ihr Vierer-flügel kann mehr Mitgefühl, Wärme und Einsicht in Ihr Leben bringen. Achten Sie jedoch darauf, nicht in sich selbst vertieft oder überempfindlich zu werden. Betonen Sie Ihren Sechser-flügel, um Loyalität, Idealismus und intellektuelle Verspieltheit zu entwickeln. Behalten Sie jedoch im Auge, daß Sechser auch dazu neigen, streitsüchtig zu sein oder sich verfolgt zu fühlen oder Angst vor Nähe zu haben.

Ihr Achterpfeil ist eine Quelle der Energie und Handlungs-bereitschaft. Er kann Sie dazu bringen, endlich die Initiative zu ergreifen und das Telefongespräch zu führen oder das Treffen zu vereinbaren, das Sie schon eine Weile vor sich herschieben. Manche Achter mögen es, ihre Wut zu spüren, weil sie sich dann als besonders gegenwärtig erleben; anderen Achtern macht diese Wut eher Angst. Die Achterpersönlichkeit ist ein gutes Modell dafür, wie man sich auf natürliche Weise durchs

Leben bewegen kann, ohne Angst vor dem zu haben, was getan werden muß. Die negative Seite dieses Pfeils kann Sie dazu bringen, die Gefühle anderer zu ignorieren oder andere zu kontrollieren und zu bestrafen.

Die meisten Fünfer wünschen sich, weniger befangen und gehemmt zu sein. Ihr Siebenerpfeil kann Ihnen zeigen, wie man das macht. Mit seiner Hilfe können Sie außerdem begeisterungsfähiger, unwiderstehlicher, witziger und origineller werden. Achten Sie darauf, daß Sie nicht zu leicht ablenkbar werden oder Ihrer Beziehung schaden, indem Sie zuviel Zeit bei Ihrer Arbeit verbringen.

Fünfer in Hochform sind interessante, mitunter geistig brillante Menschen. Sie sind freundlich, aufnahmefähig und vertrauenswürdig und besitzen einen ausgeprägten Sinn für Integrität.

Typische Fünfer-Charakerzüge
bei berühmten Leuten und Filmfiguren:
(Spekulationen der Autorinnen)

Wissenschaftlich: Stephen Hawking, Albert Einstein, Oliver Sacks, Linus Pauling, Thomas Edison, Sam Neill in „Jurassic Park"

Philosophisch: Immanuel Kant, Simone Weil, Georg W. F. Hegel, René Descartes, Thomas Hobbes, David Hume, John Stuart Mill, Albert Camus

Zuschauend: James Spader in „Sex, Lügen und Video"

Vorsichtig-zurückhaltend: Arthur Ashe

Politisch: Paul Tsongas, Eugene McCarthy, Adlai Stevenson

Mir ist aufgefallen, daß noch nichts,
was ich jemals nicht gesagt habe,
mir jemals geschadet hat.
Calvin „der Stille" Cooligde

Exzentrisch: Howard Hughes, J. Paul Getty, Bobby Fischer

Einsiedlerisch: Daniel Day-Lewis, Greta Garbo, der Cartoonist R. Crumb

Auf ruhige Art stark: Max von Sydow, Clint Eastwood, Charles Bronson

Schrullig: David Byrne von den „Talking Heads"

Abstrakt: Emily Dickinson, James Joyce, Marianne Moore

Innovativ: Stanley Kubrick, Henri Matisse, Georgia O'Keeffe, Paul Cézanne, Franz Kafka, Bill Gates von „Microsoft"

Berühmte Paare

Fünfer und Einser:	Hume Cronyn und Jessica Tandy
Fünfer und Zweier:	Daniel Day-Lewis und Isabelle Adjani
Fünfer und Dreier:	Eliot und Bev in „Dead Ringers"
Fünfer und Vierer:	Frédéric Chopin und George Sand
Fünfer und Fünfer:	Lenin und Marx
Fünfer und Sechser:	Paul Newman und Robert Redford in „The Sting"
Fünfer und Siebener:	Robert MacNeil und Jim Lehrer von PBS
Fünfer und Achter:	Richard Burton und Elizabeth Taylor in „Wer hat Angst vor Virginia Woolf?"
Fünfer und Neuner:	Marie und Pierre Curie

Beobachter in Beziehungen

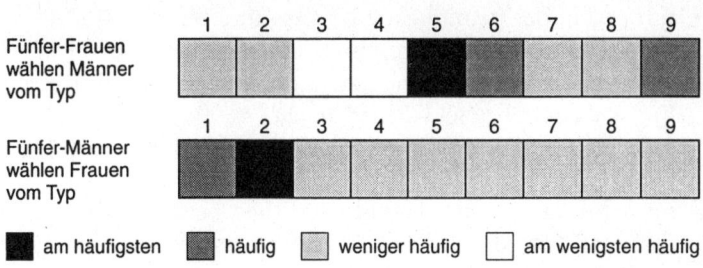

	1	2	3	4	5	6	7	8	9
Fünfer-Frauen wählen Männer vom Typ									

	1	2	3	4	5	6	7	8	9
Fünfer-Männer wählen Frauen vom Typ									

■ am häufigsten ▨ häufig ▨ weniger häufig ☐ am wenigsten häufig

Was Fünfer über Einser sagen (die Perfektionisten):

Ich mag Einser, weil sie ...

- unabhängig und objektiv sind und ihre Gefühle unter Kontrolle haben,
- alles sorgfältig durchdenken und studieren und dann behutsam handeln,
- in finanziellen und anderen Dingen vorsichtig und vernünftig sind,
- sich um den Haushalt und um gesellschaftliche Kleinigkeiten kümmern, die ich langweilig finde,
- das, was sie vorhaben, auch tatsächlich tun.

Ich habe Ärger mit Einsern, weil sie ...

- überängstlich sind,
- unbeugsam sein können und dazu neigen, andere zu verurteilen,
- mir vorschreiben, wann ich was tun soll; ich möchte immer am liebsten abhauen, wenn man mir sagt, was ich tun *muß*,
- denken, daß ich sie kritisiere, wenn ich eigentlich nur ganz natürlich so ruhig bin, wie ich eben bin,
- das tun wollen, von dem sie denken, daß wir es tun *sollten*, anstatt das zu tun, was wir gerne tun *möchten*.

111

Was Fünfer über Zweier sagen (die Fürsorglichen):

Ich mag Zweier, weil sie ...
- mir gegenüber freundlich, großzügig und sensibel sind,
- mir dabei helfen, mich geschätzt und gemocht zu fühlen,
- gut mit anderen Menschen zurechtkommen, was mir gesellige Anlässe sehr viel leichter macht,
- einen ausgeprägten Sinn für Humor haben und meinen Witz zu schätzen wissen,
- mich für meine Ruhe und Beständigkeit bewundern,
- ihre Gefühle gut ausdrücken können und mich dazu bringen, dies ebenfalls zu tun.

Ich habe Ärger mit Zweiern, weil sie ...
- mehr in Gesellschaft anderer sein möchten als ich,
- nicht bereit sind, mich zu fordern,
- zu emotional sein können und mich in Verlegenheit bringen, indem sie ihre emotionalen Fähigkeiten zur Schau stellen,

- ständig Zustimmung brauchen,
- nicht sagen, was sie wollen,
- mich nicht in Ruhe lassen, wenn ich beschäftigt bin.

Was Fünfer über Dreier sagen (die Leistungsorientierten):

Ich mag Dreier, weil sie ...
- mit ihren eigenen Dingen beschäftigt sind und darum keine Anforderungen an mich stellen,
- sehr motiviert sind und voller Energie stecken,
- zu wissen scheinen, was sie wollen,
- immer gut informiert sind und ihre Gedanken überzeugend darstellen können,
- kompetent sind und dafür sorgen, daß alles läuft wie geschmiert.

Ich habe Ärger mit Dreiern, weil sie ...
- ein anderes Wertesystem haben als ich, zu dem auch gehört, daß sie sich zu sehr mit sozialen Normen beschäftigen und mit dem, was andere Leute über sie denken,
- immer auf der Überholspur leben und zu selten zu Hause sind,
- mehr Wissen vortäuschen, als sie tatsächlich besitzen, und mit dem prahlen, was sie erreicht haben,
- sich selbst zu ernst nehmen.

Was Fünfer über Vierer sagen (die Romantiker):

Ich mag Vierer, weil sie ...
- ein reiches und interessantes Innenleben besitzen,
- gerne allein sind,
- häufig exzentrisch sind und meine nonkonformistische Art akzeptieren,
- analytische und anspruchsvolle Diskussionen mit mir führen,
- einen ausgeprägten Sinn für Ästhetik besitzen,
- mich dazu herausfordern, meine Gefühle auszudrücken.

Ich habe Ärger mit Vierern, weil sie ...

- sich vornehmer geben, als sie sind,
- derart leicht zu verletzen sind, daß man sie ständig wie rohe Eier behandeln muß,
- meine Aufmerksamkeit beanspruchen, wenn ich lieber allein sein möchte, besonders extrovertierte Vierer,
- mich mit hineinzuziehen versuchen, wenn sie gerade ihre Gefühle verarbeiten; ich will mich aber nicht von ihrer Trübsal anstecken lassen,
- mich durch ihre Stimmungsschwankungen verwirren und erschöpfen,
- derart kritisch sein können, daß es ihrem Wunsch nach Vertraulichkeit zuwiderläuft.

Was Fünfer über Fünfer sagen:

Ich mag Fünfer, weil wir beide ...

- unterschätzt werden und gerne in einer ruhigen Weise beieinander sind; keiner von uns fühlt sich dazu getrieben, andere zu unterhalten,
- verantwortungsbewußt und ethisch integer sind,
- neugierig sind auf die ungewöhnlichen Sichtweisen und Wahrnehmungen des anderen,
- einander ohne große Mühe verstehen,
- gut durchdachte Ideen und Philosophien vertreten, über die man interessante Diskussionen führen kann,
- einander den nötigen Freiraum lassen.

Ich habe Ärger mit Fünfern, weil wir beide ...

- zu bissigen verbalen Angriffen neigen und dazu, den anderen zu ignorieren,
- in unserer eigenen Welt gefangen sind und Schwierigkeiten haben, zueinander zu finden,
- wechselseitig die Vorsicht und Angst des anderen verstärken,
- es manchmal nicht schaffen, den anderen zu unterstützen,
- für den jeweils anderen Eigenschaften repräsentieren, die wir an uns selbst nicht akzeptieren wollen (unsere geheimen Themen).

Was Fünfer über Sechser sagen (die Skeptiker):

Ich mag Sechser, weil sie ...
- vielfach warmherzig sind und nicht über andere urteilen,
- ebenso kopfzentriert sind wie ich und geistig schnell, neugierig und gut informiert sind,
- meist einen ausgeprägten Sinn für Humor besitzen,
- meist mein Bedürfnis nach Alleinsein respektieren,
- meine Ängste verstehen,
- loyal und vertrauenswürdig sind, so daß ich mich *die meiste Zeit* sicher fühlen kann.

Ich habe Ärger mit Sechsern, weil sie ...
- mir meine Energie rauben, indem sie übertrieben ängstlich und paranoid sind; ihr Sicherheitsbedürfnis macht mich fast wahnsinnig,
- unberechenbar sind; oft weiß ich nicht, ob sie mir gerade nahe sein wollen oder lieber auf Distanz gehen,
- meine Fähigkeit, mich zu distanzieren, als Bedrohung empfinden,
- zu abhängig und zu dominant sein können; beides kann sogar gleichzeitig auftreten,
- mit ihren Urteilen und Anschuldigungen zu schnell bei der Hand sind.

Was Fünfer über Siebener sagen (die Abenteurer):

Ich mag Siebener, weil sie ...

- jovial, lebendig und sorglos sind und meine Fähigkeit, unbeschwert und albern zu sein, zutage fördern,
- meine Auffassung teilen, daß nichts heilig ist, besonders die gedanklich zentrierten Siebener,
- unabhängig sind und dennoch für alles, was ich gerade tue oder worüber ich nachdenke, Interesse aufbringen können,
- bei geselligen Anlässen in ihrem Element sind,
- sich immer neue faszinierende Tätigkeiten und Ideen ausdenken.

Sein Reich und ihr Reich

Ich habe Ärger mit Siebenern, weil sie ...

- lernen müssen, sich auf etwas zu konzentrieren und sich zu vertiefen; es kommt vor, daß sie das Interesse an etwas verlieren, wenn ich gerade erst warm werde,
- zu selten zu Hause sind und dann, wenn sie es sind, zu beschäftigt und energiegeladen sind,
- ständig auf Hochtouren laufen und dauernd meine Aufmerksamkeit beanspruchen,

116

- mich dazu drängen, mich geselliger zu verhalten,
- wenig verläßlich, unpünktlich und unberechenbar sein können.

Was Fünfer über Achter sagen (die Bosse):

Ich mag Achter, weil sie ...
- Wert auf Selbstvertrauen und Unabhängigkeit legen,
- Autoritäten mißtrauen, genau wie ich,
- kein Problem damit haben, das, was sie tun, zu verteidigen oder sich für wenig privilegierte Menschen einzusetzen,
- an ihre Fähigkeit zur Veränderung glauben,
- schnell und spontan reagieren (ich wünschte, etwas davon würde auch auf mich abfärben!),
- sogar beim Streiten noch erheiternd sein können, vorausgesetzt, ihre Argumentation ist aufrichtig und sie versuchen mich nicht von der Bildfläche zu fegen.

Ich habe Ärger mit Achtern, weil sie ...
- die Dinge mit zuviel Elan angehen; sie benutzen einen Vorschlaghammer, wo es auch viel weniger tun würde,
- mir ständig widersprechen und zu viele Diskussionen anfangen,
- oft eine abstoßende Sprache benutzen und zu laut sprechen,
- glauben, es sei an ihnen, alle Fehltritte zu verurteilen,
- genau wie ich negativ und weltfremd sein können, was unserer Beziehung schadet.

Was Fünfer über Neuner sagen (die Friedensstifter):

Ich mag Neuner, weil sie ...
- Freude daran haben, sich neue Wissensbereiche zu erschließen,
- auf erfrischende Weise maßvoll, realistisch und unbeeinflußt sind,
- andere nicht verurteilen und tolerant und freundlich sind,
- mich normalerweise nicht dazu drängen, Dinge zu tun, die ich nicht tun will,
- fähig sind, physischen Kontakt und Verständigung ohne Worte zu genießen,

- meine Fähigkeit, analytisch zu denken und anderen Rat zu geben, zu schätzen wissen.

Ich habe Ärger mit Neunern, weil sie …
- mich absichtlich ignorieren oder andere Wege gehen als ich, ohne zu sagen, worum es eigentlich geht, sich dann aber verlassen fühlen, wenn ich mich zurückziehe,
- automatisch meiner Meinung sind, ohne das, was ich gesagt habe, zu analysieren und ihre eigenen Schlüsse zu ziehen,
- ihre Wut in passiv-aggressiver Weise ausleben, anstatt sie direkt zu zeigen,
- womöglich nichts dagegen hätten, jede Minute des Tages mit mir zu verbringen.

Dinge, die Fünfer nicht im Traum tun würden

☞ Ein paar Verwandte, die sie überhaupt nicht kennen, zu einem gemeinsamen Urlaub einzuladen,

☞ sich auf die Position des Veranstaltungsleiters bei einer Kreuzfahrtgesellschaft für Vergnügungsreisen zu bewerben,

☞ acht Stunden im Einkaufszentrum damit zu verbringen, Kleider anzuprobieren,

☞ nicht sauer zu sein, wenn ihr Kollege den Nobelpreis für Chemie gewinnt, obwohl sie selbst die meiste Arbeit geleistet haben,

- ☞ vor der gesamten Abteilung in hysterisches Weinen auszubrechen, weil ihr Vorgesetzter ihnen gerade mitgeteilt hat, daß sie ihr Lieblingsfach „Geheime Aufzeichnungen der thermodynamischen Theorie" im kommenden Semester nicht lehren dürfen,
- ☞ auf Verkaufsveranstaltungen als Vertreter für Unterwäsche oder Einbauküchen aus Kunststoff aufzutreten,
- ☞ eine Woche lang niemals „Ich weiß" zu denken,
- ☞ beim „Trivial Pursuit" ihre Antworten zurückzuhalten, weil sie nicht wollen, daß die anderen Mitspieler sich unterlegen fühlen,
- ☞ zu entscheiden, daß die Lektüre weiterer zehn Bücher zu ihrem Lieblingsthema völlige Zeitverschwendung wäre.

Wie man mit Fünfern klarkommt

- Würdigen Sie ihre Objektivität, ihren Witz und ihren Intellekt.
- Äußern Sie sich ihnen gegenüber geradeheraus und knapp.

Ich habe daran gearbeitet, mich besser auszudrücken, wenn ich spreche, und effizienter zu reden, anstatt immer und immer wieder dasselbe zu sagen, so daß ich mich unnötig wiederhole und redundant bin. Mein Mann wird sicher überrascht sein!

- Lassen Sie sie wissen, daß sie ihren Rat und ihre Hilfe zu schätzen wissen, vorausgesetzt, dies ist der Fall.
- Wenn Fünfer etwas tun, ohne darum gebeten worden zu sein, dann sehen Sie nicht einfach darüber hinweg. Ein Fünfer kann z.B. versuchen, seine Gefühle auszudrücken, indem er sich im und ums Haus herum nützlich macht.
- Teilen Sie ihnen das, was Sie brauchen oder möchten, in einer sachlichen Weise mit, die keine direkten Anforderungen an sie stellt.
- Respektieren Sie ihren Wunsch nach Alleinsein, wenn sie an etwas arbeiten. Bauen Sie sich einen eigenen Freundeskreis auf und entwickeln Sie eigene Interessen und Hobbys, anstatt sich in allem von Ihrem Fünfer-Partner abhängig zu machen.
- Setzen Sie sie niemals unter Druck und bringen Sie sie niemals in Verlegenheit.
- Tragen Sie dazu bei, daß Ihr Zuhause harmonisch und frei von Überraschungen ist.
- Wenn Sie etwas Neues ausprobieren möchten, dann geben Sie ihnen viel Zeit, um sich an die Idee zu gewöhnen.
- Drängen Sie sie nicht dazu, an gesellschaftlichen Anlässen teilzunehmen.

- Versuchen sie, objektiv zu sein, wenn es darum geht, Probleme zu besprechen. Gefühlsausbrüche werden Sie in den meisten Fällen nicht weiterbringen.
- Artikulieren Sie klar, welche Probleme Sie mit ihnen haben und setzen Sie spezielle Zeiten fest, zu denen diese besprochen werden können.
- Führen Sie anregende und interessante Gespräche mit ihnen, aber vermeiden Sie es, die Pausen mit Geplauder zu füllen.

In Maine haben wir ein Sprichwort:
Alles Reden bringt nichts,
wenn man dadurch nicht das
Schweigen besser beherrscht.
Edmund Muskie

- Versuchen Sie nicht, sie dazu zu zwingen, sich begeisterter zu geben, als sie sind, oder Ihrem vorgefertigten Bild von ihnen zu entsprechen.

Die Skeptiker

Ich fürchte mich nicht gern. Es beängstigt mich.
Margaret „Hot Lips" Houlihan, ‚M.A.S.H.'

Sechser sind motiviert von dem Bedürfnis nach Sicherheit. Ängstliche Sechser zeigen ihre Furcht und suchen nach Zustimmung, während angstvermeidende Sechser risikofreudig sind, die Konfrontation suchen und ihre Angst verbergen. Ängstliche und angstvermeidende Charakterzüge treten häufig bei ein und derselben Person auf.

Fünfer, Sechser und Siebener bilden das Kopf-Zentrum des Enneagramms. Ihr großes Thema ist die Angst. Ängstliche Sechser sind meist vorsichtig, willensschwach und abhängig. Sie suchen bewußt oder unbewußt den Schutz durch eine Autoritätsfigur. Angstvermeidende Sechser verstecken ihre Angst hinter einer aggressiven und herausfordernden Fassade und lehnen sich gegen Autoritäten auf. Die meisten Sechser vereinigen in sich ängstliche und angstvermeidende Züge.

Sechser von ihrer besten Seite sind	Sechser von ihrer schlechtesten Seite sind
loyal	ängstlich
wachsam	andere kontrollierend
wissensdurstig	unberechenbar
besorgt	paranoid
mitfühlend	defensiv
geistreich	rigide
praktisch begabt	gereizt
verantwortungsbewußt	andere verdächtigend
unterstützend	sarkastisch
ehrlich	übervorsichtig
verläßlich	grausam

123

Persönlichkeits-Fragebogen

Prüfen Sie, was auf Sie zutrifft.

☐ 1. Ich bin ein loyaler Freund und Partner.

☐ 2. Normalerweise traue ich niemandem, den ich nicht schon lange Zeit kenne.

☐ 3. Ich bin von Natur aus wachsam.

☐ 4. Ich fühle mich meinem Partner immer dann besonders nahe, wenn wir uns gemeinsam gegen eine verfeindete Mehrheit zu wehren haben oder wenn wir gemeinsam für etwas arbeiten.

☐ 5. Ich bin stolz auf meine intellektuellen Fähigkeiten.

☐ 6. In Zeiten besonderer Belastung fällt es mir sehr schwer, Entscheidungen zu treffen. (Dies gilt besonders für die ängstlichen Vertreter dieses Typs.)

☐ 7. Andere Menschen beschweren sich manchmal darüber, daß ich zu stark nur reagiere, daß ich mich defensiv verhalte und andere kontrolliere. (Dies gilt besonders für die angstvermeidenden Vertreter dieses Typs.)

☐ 8. In einer ernsthaften Krise überwinde ich normalerweise meine Ängste und Selbstzweifel.

☐ 9. Ich mißtraue Menschen, die mir schmeicheln.

☐ 10. Nichts stört mich mehr als Anmaßung.

☐ 11. Ich bin normalerweise verantwortungsbewußt, fleißig, gewissenhaft und genau.

☐ 12. Ich teste öfter mal die Loyalität meines Partners oder meiner Freunde.

☐ 13. Die Leute sagen, daß ich alles zu ernst nehme.

☐ 14. In vertrauten Beziehungen zeige ich mich von meiner schlechtesten Seite, indem ich entweder furchtsam und unsicher bin (ängstliche Sechser) oder gereizt und streitlustig (angstvermeidende Sechser).

☐ 15. Entweder durchdenke ich die Dinge sehr genau, bevor ich handle, oder ich stürze mich kühn ins Geschehen.

☐ 16. Ich ziehe das Sichere und Vorhersehbare dem Neuen und Unbekannten vor.

☐ 17. Entweder gucke ich, was die anderen machen, um mich zu orientieren, oder ich mache nur das, was ich will, und ignoriere jeden Rat.

☐ 18. Häufig male ich mir den schlimmsten möglichen Ausgang einer Situation aus.

☐ 19. Wenn man mich bedroht, werde ich entweder ängstlich und suche Schutz oder ich stürze mich kopfüber in die Konfrontation.

☐ 20. Ich kann zynisch und sarkastisch sein.

....

Welcher Subtyp sind Sie?

....

Sie können die Kennzeichen von einem, zwei oder von allen drei Subtypen aufweisen.

Innerhalb jedes Typs gibt es drei Subtypen, die die drei Aspekte des Instinktlebens repräsentieren: persönliches Wohlergehen *(selbsterhaltungsorientiert)*, Zweierbeziehungen *(beziehungsorientiert)* und Gemeinschaft *(sozial orientiert)*. Diese Subtypen oder Instinkte drücken sich in der Art und Weise, wie wir mit dem Leben umgehen, größtenteils unbewußt aus. Bei den meisten von uns sind jedoch ein oder zwei Subtypen besonders ausgeprägt, und dies beeinträchtigt unser inneres Wachstum.

Sechser versuchen auf unterschiedliche Weise, mit ihrer Angst zurechtzukommen oder davon abzulenken, je nachdem, welcher Subtyp sie sind. Wie, wird im folgenden geschildert. Im Zuge einer Entwicklung ihrer Persönlichkeit können sie diese Einschränkungen überwinden und sich selbst und der Welt mehr trauen.

Selbsterhaltungsorientierte Sechser: „Sich beliebt machen"

Wenn du den Leuten die Wahrheit sagen willst,
dann mach es so, daß sie lachen müssen.
Anderenfalls bringen sie dich um.
Billy Wilder

Die selbsterhaltungsorientierten Sechser gelten wegen ihrer Freundlichkeit oft als warmherzig.

- Ich bin verantwortungsbewußt, loyal und geistreich. Ich versuche dafür zu sorgen, daß die Leute mich mögen, weil ich mich dann sicher fühle.
- Ich mag es, wenn sich die Gelegenheit ergibt, meinen Freunden zu zeigen, daß ich zu ihnen stehe. Was dabei herausspringt ist, daß sie dann auch zu mir stehen, wenn ich es nötig habe.
- Ich beobachte genau, wie Autoritätspersonen mich wahrnehmen, um herauszufinden, wie ich mir ihr Wohlwollen erhalte oder es wieder zurückerlangen kann.
- Ich versuche unwillkürlich, immer herzlich zu sein, auch im Umgang mit Leuten, über die ich mich ärgere.
- Ich habe viele Sorgen und Zweifel und suche bei anderen Sicherheit und Schutz.
- Ich analysiere jede mögliche Entwicklung von etwas, das ich vorhabe, um Fehler zu vermeiden und meine Sicherheit nicht aufs Spiel zu setzen.
- Ich brauche ein sicheres Zuhause, in dem ich mich vor der Welt geschützt fühlen kann.

Beziehungsorientierte Sechser: „Stärke und Schönheit"

- Ich bin sehr energiegeladen und konkurrenzbewußt. Ich arbeite hart, um meine Ziele zu erreichen.
- Ich versuche, physisch oder intellektuell stark und sexuell attraktiv oder ansehnlich zu sein.
- Ich muß mir sicher sein, daß entweder andere, die mich kennen und sich um mich kümmern, mir zu Hilfe kommen, oder daß ich in der Lage bin, mich selbst zu verteidigen.

Arnold: „Wenn andere mich angreifen, mich bedrohen oder eifersüchtig machen, dann wehre ich mich mit sarkastischen oder bissigen Bemerkungen und hoffe, daß sie sich zurückziehen. Ich trainiere meine Körperkraft, damit ich mich nötigenfalls verteidigen kann."

Gerard: „Ich versuche, andere durch mein Wissen und mein logisches Denken zu beeindrucken. Ich teste und provoziere andere und zeige, wenn nötig, wie hart ich bin. Manchmal schüchtere ich andere ein oder flüchte mich in einen Wutanfall. Viele Leute versuchen mich zu übervorteilen, aber das werden sie nicht schaffen, solange ich meinen Verstand, meine Beharrlichkeit und meine Leidenschaftlichkeit noch habe."

Marilyn: „Wenn ich mich unsicher, hilflos und ausgeliefert fühle, dann gebe ich mich verführerisch oder hilflos. Ich kann auch hart und einschüchternd sein, aber ich benutze lieber meine Schönheit, um mich zu schützen."

Sonya: „Als Besitzerin einer Kunstgalerie fühle ich mich sicher, stark und einflußreich. Das paßt gut zu mir, denn ich habe einen ausgeprägten Sinn für Ästhetik. Die Leute bewundern meinen Geschmack und Erfolg – ich hoffe zumindest, daß sie es tun. Ich kann gut auf mich selbst und mein Geschäft aufpassen, aber ich bin immer unterschwellig ängstlich."

Beziehungsorientierte Sechser, besonders Männer, sind normalerweise angstvermeidend und erinnern in vielem an Achter.

Sozial orientierte Sechser: „Pflicht"

Verflucht sei er! Er hat in sich eine nonkonformistische
Clique, die sich der Nonkonformität nicht anpaßt.
Eric Hoffer

- Ich befinde mich ständig in einem Dialog mit einer Prüfungskommission in meinem Kopf. Es sind die Stimmen von Autoritätspersonen aus meiner Familie, meiner Schulzeit und aus der Kirche. Wenn ich eine Entscheidung zu treffen habe, höre ich auf sie, um sicherzustellen, daß ich das Richtige tue.
- Familien- oder Gruppenmitgliedern gegenüber verhalte ich mich loyal, Außenstehenden gegenüber bin ich mißtrauisch und skeptisch.
- Entweder versuche ich, gewissenhaft zu sein und mich an die Regeln zu halten, oder ich versuche meine Grenzen auszuloten und die Regeln zu brechen, vorzugsweise mit der Unterstützung von Mitverschwörern.
- Wenn Menschen in verantwortlichen Positionen mir sagen, was ich zu tun habe, bin ich entweder erleichtert darüber, daß mir die Verantwortung für eine Entscheidung abgenommen wird, oder ich bin verärgert.
- Es ist nicht gut, sich nur auf einen bestimmten Menschen zu verlassen. Ich vertraue lieber auf die Unterstützung durch eine Gruppe oder eine bestimmte Sache.
- Ich habe Angst vor Beförderungen. Ich will zwar Erfolg haben, trage aber nicht gern ernsthaft Verantwortung. Ich nehme auch nicht gern eine Rolle ein, in der ich für alle sichtbar agieren muß, weil ich fürchte, kritisiert oder verlacht zu werden, wie ich selbst es mit meinen Vorgesetzten mache.
- Es ist mir schon passiert, daß ich mir von einem Vorgesetzten zunächst ein Idealbild gemacht habe und später dann von ihm enttäuscht war.
- Ich kann mich unermüdlich für Dinge einsetzen, an die ich glaube.

Flügel

Die Flügel sind die beiden Typen, die Ihrem Typ unmittelbar benachbart sind. Sechser mit einem starken Fünferflügel sind meist ernsthaft und beflissen, während Sechser mit einem starken Siebenerflügel meist aktiv und leichter ablenkbar sind.

Sechser mit einem starken Fünferflügel sind vielfach intellektuell, originell, eigen, ruhig, verschlossen, negativ, streitsüchtig und arrogant. Sechser mit einem starken Siebenerflügel sind häufig gesellig und möchten beliebt sein. Sie sind verspielt, materialistisch, manisch, reizbar und neigen zu Überreaktionen.

Es kommt gelegentlich vor, daß Menschen eher die Persönlichkeit eines ihrer Flügel nach außen hin repräsentieren als ihren eigentlichen Typus.

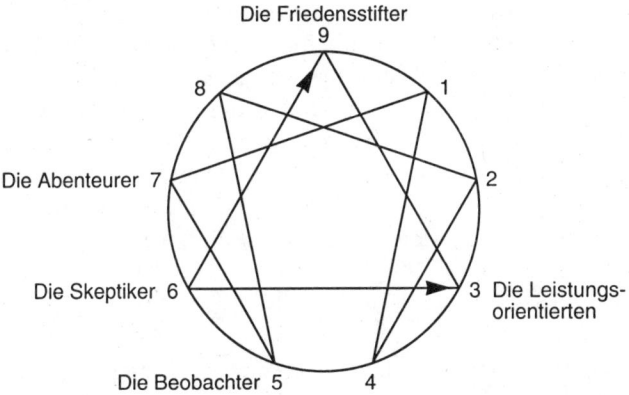

Pfeile

Ihre Persönlichkeit wird auch von den beiden Typen beeinflußt, die mit Ihrem Typ durch Linien verbunden sind, den *Pfeilen* Drei und Neun.

Wie Flügel und Pfeile Ihr Verhalten in Beziehungen beeinflussen

Wir besitzen eine natürliche Verbindung zu unseren Flügeln und Pfeilen. Sie kommen ins Spiel, ohne daß wir es bemerken: ihre positiven Aspekte, wenn wir uns ruhig und gut aufgehoben fühlen, und ihre negativen Aspekte in Zeiten erhöhter Belastung. Wenn wir an uns selbst etwas verändern wollen, können wir versuchen, die positiven Aspekte unserer Flügel und Pfeile bewußt anzunehmen und ihre negativen Züge zu vermeiden. Vielleicht haben Sie Lust, die Kapitel über Fünfer, Siebener, Dreier und Neuner zu lesen, um mehr über sie zu erfahren.

Sechser sind umgeben von den beiden anderen Typen des Kopf-Zentrums, den Fünfern und den Siebenern. Es kommt vor, daß ihre Partner ihnen vorwerfen, zu „geistig" zu sein.

Falls Sie introvertierter werden wollen, sollten Sie die wahrnehmungsorientierten, zurückhaltenden Züge ihres Fünferflügels stärker betonen. Achten Sie jedoch auf die Neigung der Fünfer, heimlichtuerisch, zynisch oder mißtrauisch zu sein.

Falls Sie extrovertierter sein möchten, können Sie Ihren Siebenerflügel nutzen, um die Fähigkeit, lebendig und spontan zu sein, stärker zu betonen. Sollten Sie sich als zu quirlig und impulsiv empfinden, dann können Sie diesen Flügel eher abschwächen.

Neigen Sie dazu, sich in übertriebener Weise Sorgen zu machen oder andere zu kontrollieren? Dann können Sie Ihren Neunerpfeil aktivieren, um gelassener zu werden. Er kann Ihnen dabei helfen, anderen zu vertrauen und sie zu akzeptieren, anstatt ihnen zu mißtrauen. Achten Sie darauf, daß Sie nicht gleichgültig und in Gewohnheiten befangen werden oder sich mit Hilfe von Arbeit, Drogen, Essen oder Alkohol betäuben.

Wenn Sie sich auf Ihren Dreierpfeil hin orientieren, können Sie mehr Sicherheit, Optimismus und Aktivität entwickeln, Arbeit und Freizeit mit gleichermaßen viel Energie angehen und Entscheidungen leichter treffen. Achten Sie jedoch auf die Tendenz der Dreier, andere zu beeindrucken. Ihr Partner wird es wahrscheinlich nicht begrüßen, wenn Sie zum Workaholic werden, es sei denn, er oder sie ist selbst sehr beschäftigt oder haßt Gesellschaft.

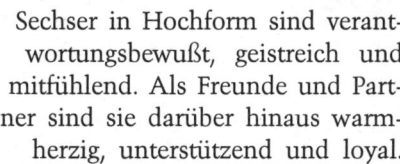

Sechser in Hochform sind verantwortungsbewußt, geistreich und mitfühlend. Als Freunde und Partner sind sie darüber hinaus warmherzig, unterstützend und loyal. Wenn es ihnen gelingt, Vertrauen zu entwickeln, können sie sich von ihrer Ängstlichkeit freimachen und dadurch eine Menge zusätzlicher Energie freisetzen.

Typische Sechser-Charakerzüge
bei berühmten Leuten und Filmfiguren:
(Spekulationen der Autorinnen)

Ängstlich (phobisch): Diane Keaton, Teri Garr, George in „Seinfeld", Miles in „Murphy Brown"

Ich habe keine Angst vor dem Sterben.
Ich will nur dabeisein, wenn es soweit ist.
Woody Allen

Risikofreudig (als Abwehrstrategie gegen Phobien): Evel Knieval, Napoleon, G. Gordon Liddy

Gehirnzentriert: Sigmund Freud, Charles Darwin, Krishnamurti

Einer bestimmten Sache verschrieben: Justizministerin Janet Reno, Oliver North, Robert Kennedy

Pessimistisch: der Erzähler Oscar Levant

Pessimistisch zu sein heißt: Wenn man die Wahl
zwischen zwei Übeln hat, beide zu wählen.
Oscar Wilde

Die Konfrontation suchend: Spike Lee, Malcolm X, Dabney Coleman

Immer auf der Suche nach Hinweisen: Inspektor Columbo, Marcia Clark

Paranoid: Senator Joseph McCarthy, Richard Nixon, J. Edgar Hoover

Loyal: Michael in „Der Pate"

Warmherzig und freundlich: Ellen Degeneres, Duke Ellington, Jack Lemmon, Loretta Lynn

Mit einem scharfen Verstand begabt: Mort Sahl, George Carlin, Jay Leno, Sid Caesar, Gene Wilder, Don Rickles, David Letterman, Charles Grodin

Zum Widerspruch neigend: Phil Donahue, Andy Rooney

Männliche oder weibliche Idealfiguren: Mel Gibson, Robert Redford, Julia Roberts, Marilyn Monroe

Berühmte Paare

Sechser und Einser:	Mel Brooks und Anne Bancroft
Sechser und Zweier:	Bob und Emily in „The Bob Newhart Show"
Sechser und Dreier:	Mary und Ted in „The Mary Tyler Moore Show"
Sechser und Vierer:	Prinzessin Diana und Prinz Charles
Sechser und Fünfer:	Woody Allen und Mia Farrow
Sechser und Sechser:	Woody Allen und Mia Farrow in „Der Stadtneurotiker"
Sechser und Siebener:	Meg Ryan und Dennis Quaid
Sechser und Achter:	Billy Crystal und Jack Palance in „City Slickers"
Sechser und Neuner:	Warren Beatty und Annette Bening

Sechster in Beziehungen

Ein Pessimist ist jemand, der sich schlecht fühlt
aus Angst davor, daß er sich noch schlechter fühlen könnte,
wenn er sich noch besser fühlen würde.
Anonym

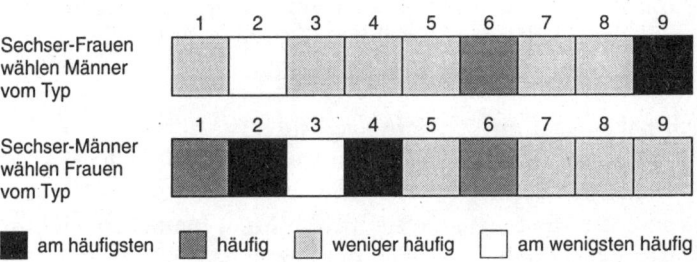

Was Sechser über Einser sagen (die Perfektionisten):

Ich mag Einser, weil sie …
- loyal sind und mir ein Gefühl der Sicherheit geben,
- mir dabei helfen, Prioritäten zu setzen und mich zu entscheiden,
- mir Mut machen, wenn ich in einen Konflikt mit jemand anderem gerate,
- hart arbeiten und tüchtig sind,
- in hohem Maße prinzipientreu sind.

Ich habe Ärger mit Einsern, weil sie …
- strenge Anforderungen an alles und jeden stellen,
- ihren Ärger unterdrücken, anstatt mir zu sagen, was sie stört, so daß meine paranoide Vorstellungsgabe auf Hochtouren läuft,
- meine Tendenz, mir Sorgen zu machen, noch verstärken, indem sie selbst sich vor Aufregung zerfressen,
- alles, was ich tue, genau überprüfen,
- mir die Schuld für unsere Probleme geben.

Was Sechser über Zweier sagen (die Fürsorglichen):

Ich mag Zweier, weil sie ...
- mich mit ihrer Warmherzigkeit umgeben und mir ein Gefühl der Sicherheit geben,
- herumalbern, um mich aufzuheitern,
- meine beschützende Art zu schätzen wissen,
- mir dabei zu helfen versuchen, alles richtig zu machen,
- mir dabei helfen, mich selbst zu mögen,
- jeden dazu bringen, sich wohl zu fühlen.

Ich habe Ärger mit Zweiern, weil sie ...
- es hassen, wenn ich sie mit meinen Verdächtigungen konfrontiere,
- auch zu Menschen, die sie nicht mögen, freundlich sind, so daß ich befürchte, sie seien mir gegenüber unaufrichtig,
- meine paranoiden Fähigkeiten aktivieren, indem sie mir im einen Augenblick ganz nah sind und im nächsten auf Distanz gehen
- nicht immer alles sorgfältig durchdenken.

Was Sechser über Dreier sagen (die Leistungsorientierten):

Ich mag Dreier, weil sie ...
- hart arbeiten, praktisch begabt und kompetent sind,
- ihre Ziele direkt anstreben und mich dazu ermutigen, dasselbe zu tun,
- auf sich selbst aufpassen können,
- die Zukunft in einem hellen Licht sehen,
- mich dazu ermutigen, neue Aktivitäten auszuprobieren.

134

Ich habe Ärger mit Dreiern, weil sie ...

- meine Ängste, Sorgen und Zweifel nicht ernst genug nehmen,
- nicht genügend Zeit für unsere Beziehung haben, weil sie ständig damit beschäftigt sind, zu arbeiten und Erfolg zu haben,
- nicht immer ehrlich sind; manchmal tun sie etwas nur, um andere zu beeinflussen,
- sich ständig beschäftigen, um nicht mit ihren Ängsten in Kontakt zu kommen, und keine Geduld für meine Ängste aufbringen.

Was Sechser über Vierer sagen (die Romantiker):

Ich mag Vierer, weil sie ...
- meist klug und kreativ sind und eine ausgeprägte Wahrnehmungsgabe besitzen,
- hohe Ideale und wertvolle Prinzipien haben,
- witzig, ironisch und klug sind und ein ausgeprägtes Vorstellungsvermögen besitzen,
- genau wie ich gern Autorität und Pomp unterlaufen,
- über große emotionale Tiefe verfügen und meine Gefühle anregen.

Ich habe Ärger mit Vierern, weil sie ...
- sich von mir abkapseln und mir uneindeutige Botschaften zukommen lassen: sie können im einen Moment liebevoll sein und mich im nächsten Augenblick zurückweisen,

- leicht niedergeschlagen oder verletzt sind, sogar wegen Kleinigkeiten,
- mir Schuldgefühle einzuflößen versuchen, weil ich ihre Gefühle verletzt haben soll,
- widerborstig, angriffslustig, vorwurfsvoll und hartnäckig sein können.

Was Sechser über Fünfer sagen (die Beobachter):

Ich mag Fünfer, weil sie …

- objektiv sind und mir helfen, meine Probleme in der richtigen Perspektive zu sehen,
- meine Ängste verstehen und meine intellektuellen Interessen teilen; wir haben viel gemeinsam, weil wir Flügel-Typen angehören, die beide zum Kopf-Zentrum des Enneagramms gehören,
- sanft und zärtlich sein können und mich nicht verurteilen,
- ihre Verpflichtungen einhalten,
- ruhig und gesammelt bleiben, wenn ich in einer Krise stecke.

Ich habe Ärger mit Fünfern, weil sie …

- nicht immer mit mir über Probleme reden möchten,
- meine Bedürfnisse als Belastung empfinden und auf Distanz gehen,
- bockig sein können,
- so ruhig sind, daß ich nicht weiß, was sie denken; typischerweise denke ich dann immer an das Schlimmste,
- oft gleichgültig und mit ihren Gedanken ganz woanders zu sein scheinen.

Was Sechser über Sechser sagen:

Wenn jeder dich bloß drankriegen will,
ist Paranoia nichts als gesundes Denken.
Johnny Fever, Cincinnati

Ich mag Sechser, weil wir beide …
- anregende Diskussionen miteinander austragen können,
- die Ängste und Befürchtungen des anderen verstehen,
- bereit sind, unpopuläre Standpunkte einzunehmen,
- unseren Humor einsetzen, um Schwierigkeiten zu überwinden,
- uns klar zu unserer Beziehung bekennen und dazu, uns gegenseitig Sicherheit zu geben,
- geradeheraus, ehrlich und *loyal* sind.

Ich habe Ärger mit Sechsern, weil wir beide …
- die Tendenz zum Pessimismus und zu Verdächtigungen beim jeweils anderen verstärken,
- beide dazu neigen, in allem gleich eine Katastrophe zu sehen,
- fast alles anzweifeln,
- unberechenbar sind und uns gleichzeitig nach Berechenbarkeit sehnen,
- Probleme damit haben zu sagen, was wir denken und wollen.

Was Sechser über Siebener sagen (die Abenteurer):

Ich mag Siebener, weil sie …
- mein zweiflerisches Wesen ausgleichen, indem sie glauben, daß die Zukunft das Beste bringen wird,

- mich unterhalten und aufheitern,
- mir neue faszinierende Ideen vermitteln,
- mich ermutigen, Neues auszuprobieren und meine Ängste zu überwinden,
- idealistisch sind.

Ich habe Ärger mit Siebenern, weil sie ...
- nicht von meinen Ängsten und anderen „negativen" Dingen hören wollen,
- mich ängstlich und eifersüchtig machen, indem sie ohne mich Dinge unternehmen,
- zu beschäftigt und zu sehr auf sich selbst konzentriert sind, um Zeit für unsere Beziehung zu haben,
- durch ihren Optimismus bewirken, daß ich mich noch mehr als von Sorgen geplagt empfinde.

Ich bin ein Paranoiker unter umgekehrten Vorzeichen:
Ich hege den Verdacht, daß andere sich verschworen haben,
mich glücklich zu machen.
J. D. Salinger

Was Sechser über Achter sagen (die Bosse):

Ich mag Achter, weil sie ...
- sich keine Gedanken darüber machen, wie andere über sie denken,
- die Anmaßungen anderer niederschlagen,
- in meinem Interesse handeln und mich schützen,
- mir ganz genau sagen, was sie denken, so daß ich nicht darüber nachgrübeln muß,
- vertrauensvoll sind: Sie treffen kühne Entscheidungen und übernehmen die Verantwortung dafür.

Ich habe Ärger mit Achtern, weil sie ...
- Gefühle der Zärtlichkeit als Schwäche ansehen,
- ebenso willensstark sind wie ich, so daß wir uns hoffnungslos in Diskussionen festbeißen,

- meine Unentschiedenheit und Aufregung nicht tolerieren,
- versuchen, mich herumzukommandieren.

Was Sechser über Neuner sagen (die Friedensstifter):

Ich mag Neuner, weil sie ...
- mir zuhören, wenn ich meine Sorgen loswerden will,
- mir dabei helfen, mich sicher zu fühlen, indem sie mich so akzeptieren, wie ich bin,
- mich ermutigen, die Dinge aus einer weiteren Perspektive zu sehen,
- ausgeglichen sind und man sich in ihrer Gesellschaft wohl fühlt. Ich finde leichter Zugang zu meinem Neunerpfeil, wenn mein Freund oder Partner ein stabiler Neuner ist.

Ich habe Ärger mit Neunern, weil sie ...
- halsstarrig oder passiv-aggressiv werden, wenn sie sich ärgern, anstatt direkt zu sagen, was ihnen nicht paßt,
- mich dafür kritisieren, daß ich zu vorsichtig bin,

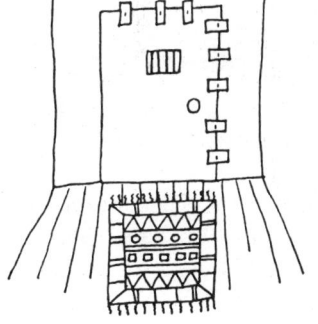

- mir manchmal einfach nicht zuhören und mir das Gefühl geben, allein und schutzlos zu sein,
- mir nicht immer aktiv genug sind; ich mag es, wenn immer etwas los ist,
- nicht von sich aus die Initiative ergreifen; ich weiß darum nicht, was sie wirklich wollen.

Dinge, die Sechser nicht im Traum tun würden

☞ Vollkommen ruhig und optimistisch zu bleiben, wenn ihr Partner nachmittags zum Fallschirmspringen gegangen ist und drei Stunden nach der vereinbarten Zeit noch immer nicht zurück ist,

☞ das ganze Wochenende zu faulenzen in dem sicheren Wissen, daß sie am Montagmorgen topfit an ihrer neuen Arbeitsstelle erscheinen werden,

☞ eine zweiwöchige geführte Wanderung zusammen mit zwölf schnatternden, einander umschmeichelnden, kichernden Stehaufmännchen durchzustehen,

☞ sicher zu sein, daß sie der perfekte Lehrer für einen Kurs über die Macht positiven Denkens wären,

☞ den Namen des Firmenleiters zu vergessen, wenn sie ihn auf der Aktionärsversammlung vorstellen wollen, und mit einem fröhlichen Lachen darüber hinwegzugehen,

☞ mit einer gravierenden Beschwerde zum Chef zu gehen, ohne sich vorher die Unterstützung einiger Kollegen zuzusichern,

140

☞ im Theater in der ersten Reihe des Ran-
ges zu sitzen und sich keinerlei Gedanken
darüber zu machen, ob das Geländer
sie auch halten wird, wenn sie sich nach
vorne beugen.

Wie man mit Sechsern klarkommt

Ich will einfach nur, daß du mich liebst,
zuallererst meine Sorgen und all den Kram.
Max Schumacher in „Network"

- Würdigen Sie ihre Loyalität, ihren Intellekt, ihr Mitgefühl und ihren Witz ebenso wie ihre Fähigkeit, Notfälle oder Krisensituationen zu bewältigen.
- Ermutigen Sie sie, konstruktiver zu denken und zu planen, wenn sie ein Problem haben, das unlösbar zu sein scheint.
- Versichern Sie ihnen, daß Ihnen etwas an Ihrer Beziehung liegt.
- Seien Sie offen und ehrlich. Sechser fühlen sich sicherer, wenn mit offenen Karten gespielt wird.
- Treffen Sie klare Vereinbarungen mit ihnen, die keinen Raum für Zweifel lassen.
- Versuchen Sie nicht, ihnen zu schmeicheln. Vermeiden Sie es, übertrieben nett zu sein und um den heißen Brei zu schleichen.
- Zeigen Sie ihnen bei Streitigkeiten, daß Sie gewillt sind, das Problem in konstruktiver Weise zu lösen.
- Wenn Sechser wütend werden, ziehen Sie sich zurück und lassen Sie ihren Zorn verrauchen. Wenn Sie ärgerlich oder ängstlich reagieren, gießen Sie nur Öl ins Feuer.
- Ermutigen Sie sie, über ihre Ängste zu sprechen. Hören Sie ihnen zu und versuchen Sie nicht, ihrerseits festzumachen, was sie beunruhigt.
- Seien Sie jedoch auch ehrlich und sensibel, wenn ihre Ängste Sie auf die Palme bringen.

- Wenn Sechser sich verletzt oder angegriffen fühlen, ermutigen Sie sie, der Sache nachzugehen, indem sie den Angreifer fragen, was er oder sie wirklich gemeint hat.

Sie können Sechser zusätzlich unterstützen, indem Sie ...

- sie dazu bringen, sich möglichst viel zu bewegen, um so Ängste und Streß besser abzubauen,
- sie ermutigen, mit dem Grübeln aufzuhören und aktiv zu werden, wenn es notwendig ist,
- ihnen klarmachen, daß einige Lösungsmöglichkeiten ein gewisses Risiko beinhalten,
- ihnen dabei helfen, eher an das Beste zu denken, was passieren kann, als an das Schlimmste,
- sie dazu bringen, ihren eigenen Entscheidungen und dem, was der Augenblick bringen wird, zu vertrauen.

Jim und Joan lassen sich treiben.

Die Abenteurer

Wenn ich zwischen zwei Übeln zu wählen habe,
suche ich mir immer dasjenige aus, das ich noch nicht kenne.
Mae West

Siebener sind motiviert von dem Bedürfnis, glücklich zu sein, etwas zur Welt beizutragen und Schmerz und Leid zu vermeiden.

Fünfer, Sechser und Siebener bilden das Kopf-Zentrum des Enneagramms. Diese drei Typen reagieren in sehr unterschiedlicher Weise auf Angst. Siebener leugnen oder unterdrücken Ängste, indem sie eine Vielzahl von Plänen schmieden und sich beschäftigt halten.

Ich fühle mich so erdverbunden.

Gut, dann laß es eben bleiben! Ich besorge mir jedenfalls die Ermäßigungsgutscheine für Vielflieger!

Siebener von ihrer besten Seite sind	Siebener von ihrer schlechtesten Seite sind
begeisterungsfähig	auf sich selbst bezogen
energiegeladen	impulsiv
lebendig	rebellisch
empfänglich für Späße	manisch
spontan	ruhelos
phantasievoll	eigensinnig
charmant	defensiv
neugierig	zerstreut
fröhlich	unzuverlässig
freigebig	selbstzerstörerisch

Persönlichkeits-Fragebogen

Prüfen Sie, was auf Sie zutrifft.

☐ 1. Ich bin optimistisch, übertreffe gern mich selbst und andere und kann mehrere Dinge gleichzeitig tun.

☐ 2. Ich bin immer auf der Suche nach neuen, interessanten Erfahrungen.

☐ 3. Ich mag intensive und aufregende Beziehungen, die gleichzeitig beständig und verläßlich sind.

☐ 4. Ich will gut leben, was gutes Essen und viel Spaß und Abenteuer einschließt.

☐ 5. Ich habe Schwierigkeiten mit Menschen, die bedürftig, abhängig und pessimistisch sind.

☐ 6. Normalerweise verkrafte ich Verluste in kurzer Zeit.

☐ 7. Ich liebe es, wenn man mir für meine guten Geschichten und Witze Aufmerksamkeit zukommen läßt und darüber lacht.

☐ 8. Ich helfe anderen, indem ich ihre schlechte Laune und ihren Pessimismus vertreibe.

☐ 9. Ich sorge mich darum, daß meine Freiheit beschnitten werden könnte.

☐ 10. Ich mag es nicht, jemandem verpflichtet oder an jemanden gebunden zu sein.

☐ 11. Als ein gedanklich zentrierter Typ mag ich es nicht, Leuten zuzuhören, die ihre Gefühle verarbeiten. Als ein emotionaler Typ kann ich mich mit solchen Menschen durchaus abgeben, es sei denn, sie wiederholen ständig, wie schlecht es ihnen geht, ohne etwas dagegen zu unternehmen.

☐ 12. Ich habe viele Freunde und Bekannte.

☐ 13. Manchmal fühle ich mich innerlich gehemmt, verletzlich und zerbrechlich, während andere denken, mein Selbstvertrauen sei unerschütterlich.

☐ 14. Die meisten Menschen finden mich freundlich, attraktiv und charmant.

☐ 15. Manchmal muß ich mich selbst verwöhnen und schwelge in Genüssen.

☐ 16. Manchmal bin ich defensiv und streitlustig.

☐ 17. Ich mache mehr Pläne, als ich tatsächlich ausführen kann.

☐ 18. Im täglichen Leben finde ich meist Mittel und Wege, Konflikten aus dem Weg zu gehen.

☐ 19. Ich mag es, Dinge zu sagen, die man von mir nicht erwartet.

☐ 20. Wenn ich eine Beziehung beenden möchte, sage ich es dem betroffenen Menschen entweder direkt oder ich bringe ihn dazu, mich zu verlassen, indem ich ihn irritiere und ärgere.

....

Welcher Subtyp sind Sie?
....

Sie können die Kennzeichen von einem, zwei oder von allen drei Subtypen aufweisen.

Innerhalb jedes Typs gibt es drei Subtypen, die die drei Aspekte des Instinktlebens repräsentieren: persönliches Wohlergehen *(selbsterhaltungsorientiert)*, Zweierberziehungen *(beziehungsorientiert)* und Gemeinschaft *(sozial orientiert)*. Diese Subtypen oder Instinkte drücken sich in der Art und Weise, wie wir mit dem Leben umgehen, größtenteils unbewußt aus. Bei den meisten von uns sind jedoch ein oder zwei Subtypen besonders ausgeprägt, und dies beeinträchtigt unser inneres Wachstum.

Siebener leugnen ihre Angst vor Schmerz und Leid. Sie tun dies je nach Subtyp auf verschiedene Weisen, die im folgenden geschildert werden sollen. Im Zuge ihrer inneren Entwicklung können sie ihre Begrenzungen überwinden und bodenständiger und realistischer werden.

Selbsterhaltungsorientierte Siebener: „Familie und gleichgesinnte Freunde"

Selbsterhaltungsorientierte Siebener sind meist stärker auf die Familie hin orientiert als die anderen Subtypen.

- Ich mag es, ein Zuhause als sichere Ausgangsbasis zu haben, wo alle die gleichen Werte und Interessen teilen und einander unterstützen.
- Oft bin ich es, der die Leute unterhält und bei guter Stimmung hält.
- Ein Abenteuer zu planen und sich daran zu erinnern ist normalerweise genauso aufregend wie das Abenteuer selbst.
- Ich schätze es, wenn meine Freunde ebenso positiv denken wie ich selbst.
- Ich bin gern spontan, aber ich plane auch voraus, um sicherzugehen, daß ich meine Freunde regelmäßig treffen kann und nichts verpasse.
- Wenn ich Risiken in Kauf nehme, handelt es sich meist um kalkulierte Risiken. Ich bin nicht einfach leichtsinnig.
- Ich verbringe viel Zeit im und ums Haus.

Beziehungsorientierte Siebener: „Aufregung"

Stumpfsinn ist der Name des Teufels.
Robert E. Lee

- Ich mag Herausforderungen und wenn etwas los ist.
- Manchmal treibe ich die Dinge bis zum äußersten oder trete anderen auf die Füße.
- Ich mag alles, was ungewöhnlich, intensiv, vielschichtig oder ästhetisch schön ist.
- Manchmal bin ich verführerischer, als ich eigentlich sein will, und verstricke mich stärker in eine Beziehung, als mir recht ist.
- Ich bin immer auf der Suche nach faszinierenden Menschen und Abenteuern.

- Wenn eine Beziehung ihren Reiz verliert, neige ich dazu, den anderen in ein romantisches Licht zu setzen, um Langeweile zu vermeiden, oder ich fühle mich gefangen und mache mich aus dem Staub.

Verabredung zum
Bungee-Jumping

- Ich kann mich über die Diskrepanz zwischen meinem Ideal von einer Beziehung und der Realität aufregen.
- Es macht mich unglücklich, wenn mein Partner an unseren Abenteuern und aufregenden Erlebnissen nicht vollen Anteil nimmt.

Sozial orientierte Siebener: „Ungeduld contra Idealismus"

- Ich könnte mir vorstellen, daß ich für eine bestimmte Sache oder ein Prinzip mein Leben riskieren würde.
- Manchmal zögere ich, meine guten Absichten auch auszuführen, besonders dann, wenn mich das ein Stück meiner Freiheit kostet.
- Ich versuche, meine Abenteuerlust zu unterdrücken und mich in erster Linie um meine Familie, meine berufliche Karriere oder um eine bestimmte Angelegenheit zu kümmern.
- Ich empfinde es als unangenehm und belastend, mich für die Menschen um mich herum verantwortlich zu fühlen.
- Ich mag Kameradschaftlichkeit und Brüderlichkeit, aber ich kann es nicht ausstehen, wenn jemand versucht, mich zu kontrollieren oder mich zu etwas zu zwingen.
- Ich kann sehr ungeduldig sein. Ich möchte dann am liebsten sofort etwas tun, anstatt Zeit damit zu verschwenden, mit anderen herumzuzanken, wie es getan werden sollte.

- Die Ungleichheit unter den Menschen regt mich auf. Ich wünschte, es müßte keine Hackordnung geben.
- Ich habe einen großen Freundeskreis.
- Ich halte mich gern an alles gesellschaftlich Neue.

Flügel

Flügel sind die beiden Typen, die Ihrem Typus unmittelbar benachbart sind. Der Sechserflügel kann Siebener leichtherzig und nervös erscheinen lassen. Siebener mit einem dominanten Achterflügel sind bodenständiger und stärker mit dem Thema Wut beschäftigt.

Siebener mit einem starken Sechserflügel sind meist sensibel, wollen beliebt sein, sind pflichtbewußt, engagiert, ängstlich, unsicher, verletzlich und zögerlich.

Siebener mit einem starken Achterflügel sind meist machtbewußt, durchsetzungsfähig, ungeduldig, gesellig, genußorientiert, ungestüm, auf sich selbst bezogen und treulos.

Es kommt gelegentlich vor, daß Menschen der Außenwelt eher die Persönlichkeit eines ihrer Flügel präsentieren als ihren eigentlichen Typus.

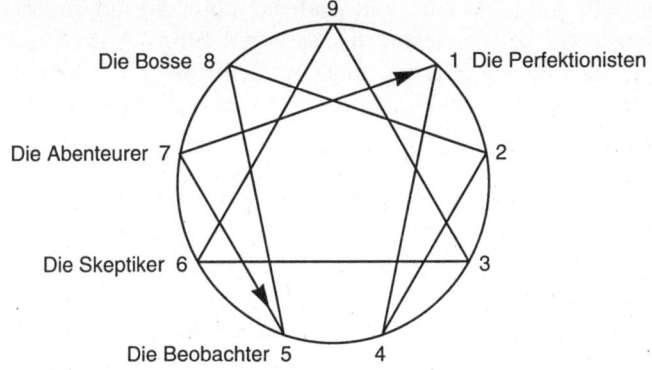

Die Bosse 8
Die Abenteurer 7
Die Skeptiker 6
Die Beobachter 5
9
1 Die Perfektionisten
2
3
4

Pfeile

Ihre Persönlichkeit wird auch von den beiden Typen beeinflußt, die mit Ihrem Typus durch Linien verbunden sind, den
Pfeilen Eins und Fünf.

Wie Flügel und Pfeile Ihr Verhalten in Beziehungen beeinflussen

Wir besitzen eine natürliche Verbindung zu unseren Flügeln
und Pfeilen. Sie kommen ins Spiel, ohne daß wir es bemerken:
ihre positiven Aspekte, wenn wir uns ruhig und gut aufgehoben fühlen, und ihre negativen Aspekte in Zeiten erhöhter Belastung. Wenn wir an uns selbst etwas verändern wollen, können wir versuchen, die positiven Aspekte unserer Flügel und
Pfeile bewußt anzunehmen und ihre negativen Züge zu vermeiden. Vielleicht haben Sie Lust, die Kapitel über Sechser,
Achter, Fünfer und Einser zu lesen, um mehr über sie zu erfahren.

Die Siebener und ihre Flügeltypen verfügen innerhalb des
Enneagramms über die meiste Energie. Ihr Sechserflügel kann
Sie dahingehend beeinflussen, daß Sie sich loyal, verantwor-
tungsbewußt und liebevoll verhalten. Achten Sie jedoch dar-

auf, sich nicht zu sehr von anderen abhängig zu machen, wie es phobischen Sechsern passieren kann. Angstvermeidende Sechser neigen dazu, andere zu kontrollieren – auch das sollten Sie vermeiden. Vergessen Sie nicht, daß bei Sechsern bestimmte Eigenschaften häufig in ihr genaues Gegenteil umschlagen.

Ihr Achterflügel kann eine Quelle der Begeisterungsfähigkeit und Abenteuerlust sein. Er kann Sie konkurrenzbewußter, selbstbewußter und zielorientierter machen. Beginnen Sie jedoch nicht damit, Ihren Partner herumzukommandieren.

Ihr Fünferpfeil kann Sie dazu bringen, die Gegensätze von gut und schlecht, glücklich und traurig mehr als bisher zu akzeptieren und gemäßigter und disziplinierter zu werden. Vermeiden Sie jedoch die Tendenz der Fünfer, sich in sich selbst zurückzuziehen, bei Konflikten auf Distanz zu gehen oder andere Menschen hinter Theorien verschwinden zu lassen.

Eine Hinwendung zu Ihrem Einserpfeil kann Sie bodenständiger machen und Ihnen die Fähigkeit vermitteln, ihre Möglichkeiten besser abzuschätzen. Achten Sie jedoch darauf, daß Sie dabei Ihren Optimismus nicht verlieren, und vermeiden Sie es, übertrieben selbstkritisch, reizbar oder vorwurfsvoll zu werden und ständig auf der Suche nach Fehlern zu sein.

Stabile Siebener sind in Beziehungen produktive Partner und verläßliche Kameraden beim gemeinsamen Erleben von Abenteuern. Sie sind freigebig, optimistisch und fröhlich. Andere Menschen fühlen sich in ihrer Gesellschaft wohl. Siebener in Hochform unterstützen die Menschen, die ihnen nahestehen, und helfen ihnen dabei, ihr Potential voll auszuschöpfen.

Typische Siebener-Charakterzüge
bei berühmten Leuten und Filmfiguren:
(Spekulationen der Autorinnen)

Führe mich nicht in Versuchung –
ich finde den Weg schon selbst.
Rita Mae Brown

Ermutigend: Martin Short, Robin Williams, Chevy Chase, Goldie Hawn, Carol Burnett, Tim Allen, Dave Barry, Gene Kelly, Geena Davis, Leslie Nielsen, Eddie Murphy, Kevin Kline, Dizzy Gillespie

Idealistisch: John F. Kennedy, Henry David Thoreau

Optimistisch: Auntie Mame, Ruth Gordon als Maude in „Harold und Maude"

Freigeistig: Hawkeye/Falkenauge in „M.A.S.H.", Jack in „Three's Company"

Vergnügungssüchtig oder von sich selbst besessen: Zsa Zsa Gabor, Luciano Pavarotti, Liberace, Leonard Bernstein, Blanche in „Golden Girls", Alexis in „Denver Clan"

Viele Leute mögen es nicht wissen,
aber ich bin ziemlich berühmt.
Sam Malone, „Cheers"

Ewig jung: Tom Smothers, W. A. Mozart, Peter Pan, Saint-Exupérys „Kleiner Prinz"

Spirituell Forschende: Ram Dass, Joseph Campbell

Multitalente: Peter Ustinov, Shirley MacLaine, Steve Martin, Lily Tomlin, Leonardo da Vinci, Dudley Moore, Steve Allen, Sam Francis

Ich hatte ein wunderbares Leben.
Ich habe alles mal ausprobiert.
Vincent Price

Innovativ: Gene Roddenberry (der Erfinder von „Star Trek – Raumschiff Enterprise"), Robert Altman, Federico Fellini, Steven Spielberg, Kurt Vonnegut

Geld spielt für mich keine Rolle,
aber Neugierde sehr wohl.
Barry Diller

Abenteuerlustig: George Plimpton, Indiana Jones, James Bond

Alles untersuchend: Jim Lehrer, Charlie Rose

Fröhlich: David Niven, Michael Caine, Errol Flynn

Stürmisch: Basketballstar Michael Jordan

Berühmte Paare

Siebener und Einser:	Sam Malone und Diane Chambers in „Cheers"
Siebener und Zweier:	Mork und Mindy in „Mork vom Ork"
Siebener und Dreier:	Goldie Hawn und Kurt Russell
Siebener und Vierer:	Rhett Butler und Scarlett O'Hara in „Vom Winde verweht"
Siebener und Fünfer:	„Melvin und Howard" (Melvin Dummar und Howard Hughes)
Siebener und Sechser:	Louis Malle und Candice Bergen
Siebener und Siebener:	Lucille Ball und Desi Arnaz in „I Love Lucy"
Siebener und Achter:	Rita Mae Brown und Martina Navratilova
Siebener und Neuner:	Peg und Al Bundy in „Eine schrecklich nette Familie"

Abenteurer in Beziehungen

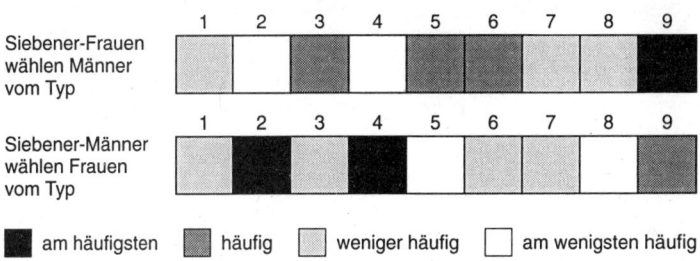

	1	2	3	4	5	6	7	8	9
Siebener-Frauen wählen Männer vom Typ									

	1	2	3	4	5	6	7	8	9
Siebener-Männer wählen Frauen vom Typ									

■ am häufigsten   ▦ häufig   ▢ weniger häufig   ☐ am wenigsten häufig

Was Siebener über Einser sagen (die Perfektionisten):

Ich mag Einser, weil sie ...

- mir einen sicheren und zuverlässigen Zufluchtsort vor meinen hektischen Lebensstil bieten,
- energisch und bestimmt sind und mir ein gutes Beispiel geben, indem sie fertigstellen, was sie angefangen haben,
- Freude an der Art disziplinierter Arbeit haben, für die ich keine Geduld aufbringe: Rechnungen bezahlen und prüfen und all solche Dinge,
- prinzipientreu sind und sich nur für Dinge einsetzen, für die es sich auch lohnt,
- das *Gleichgewicht* zu schätzen wissen, das mein Optimismus und mein Unberührtsein von Sorgen in unsere Beziehung bringen.

Ich habe Ärger mit Einsern, weil sie ...

- rechthaberisch sind, mich kritisieren und verurteilen und versuchen, mir Schuldgefühle einzuflößen,
- der Meinung sind, daß die Welt voller Fehler ist und in Ordnung gebracht werden muß – auf *ihre* Weise,
- sich Sorgen machen und niedergeschlagen sind, anstatt sich am Leben zu freuen; wenn sie sich auf ihren Viererpfeil zubewegen, fixieren sie sich zunehmend auf ihren Seelenschmerz,
- mir vorschreiben, was ich tun und wie ich leben sollte.

Was Siebener über Zweier sagen (die Fürsorglichen):

Ich mag Zweier, weil sie ...

- begeistert an meinen Abenteuern und meiner Lebensfreude teilnehmen,
- Emotionen gut ausdrücken können und mir dabei helfen, meine Gefühle auszudrücken,
- mir viel Aufmerksamkeit zukommen lassen,
- mein Bedürfnis nach Freiheit bis zu einem gewissen Grad verstehen können,
- meine Möglichkeiten sehen und mir dabei helfen, meine Träume wahr werden zu lassen,
- sich für viele Dinge interessieren lassen.

Ich habe Ärger mit Zweiern, weil sie ...

- schmollen oder wütend werden, wenn ich ihnen nicht zuhören kann,
- sich ständig mit unserer Beziehung befassen, anstatt das Leben einfach von Tag zu Tag zu leben,
- versuchen, mir zu schmeicheln, mich zu verändern und mich auf bestimmte Dinge festzulegen,
- ihre Wünsche direkter ausdrücken müßten,
- mit mir um Aufmerksamkeit wetteifern.

Was Siebener über Dreier sagen
(die Leistungsorientierten):

Ich mag Dreier, weil sie ...
- dynamisch sind und über genügend Energie verfügen, um mit mir mithalten zu können,
- fröhlich, optimistisch und abenteuerlustig sind,
- fleißig sind, Selbstvertrauen besitzen und ihre Ziele verfolgen,
- mir die Freiheit lassen, meine eigenen Dinge zu machen,
- sich selbst mögen.

Ich habe Ärger mit Dreiern, weil sie ...
- sich zu sehr bestimmten Projekten widmen und für unsere gemeinsame Beziehung nicht verfügbar sind,
- versuchen, immer optimistisch zu sein genau wie ich, so daß bestimmte Dinge von uns beiden unter den Tisch gekehrt werden,
- nicht zuverlässig zur Stelle sind, wenn ich etwas Bestimmtes plane,
- ihr Verhalten nach der Wirkung ausrichten, die es auf andere hat.

Was Siebener über Vierer sagen (die Romantiker):

Ich mag Vierer, weil sie ...

- Leidenschaft, intensive Gefühle und Aufregung gerne voll auskosten,
- ein faszinierendes Innenleben haben und mir zeigen, wie ich mein eigenes Inneres erforschen kann,

- die schönen Dinge, die das Leben bietet, zu schätzen wissen,
- sich nicht gern anpassen, genau wie ich,
- es zu schätzen wissen, daß sie durch mich neue Aktivitäten kennenlernen.

Ich habe Ärger mit Vierern, weil sie ...

- sehr emotional sein können und dann aus einer Mücke einen Elefanten machen,
- oft zu niedergeschlagen sind, um gemeinsam mit mir Spaß zu haben,
- eine emotionale Belastung sein können,
- langsamer sind als ich, besonders Vierer mit einem ausgeprägten Fünferflügel,
- versuchen, mich zu beherrschen.

Was Siebener über Fünfer sagen (die Beobachter):

Ich mag Fünfer, weil sie ...

- unkonventionell, interessant und auf vielen Wissensgebieten bewandert sind,
- eine innere Stärke besitzen, die ich bewundere,
- ausgedehnte Interessen haben und mein Bedürfnis verstehen, meinen Interessen nachzugehen,

- ein gutes Beispiel dafür abgeben, wie man sich auf eine Sache konzentriert,
- mich nicht in die eine oder andere Richtung zerren wollen.

Ich habe Ärger mit Fünfern, weil sie ...
- sich weniger für neue Abenteuer interessieren als ich; sie können glücklich damit sein, immer und immer wieder dasselbe zu tun,
- an mir kritisieren, daß ich zu überschwenglich und aufgeregt bin,
- lieber allein sein möchten, wenn ich am liebsten ein paar Freunde einladen möchte,
- schmollen, nichts mehr sagen und eine unsichtbare Wand zwischen sich und anderen errichten, wenn sie angegriffen werden,
- manchmal zu wählerisch sind.

Was Siebener über Sechser sagen (die Skeptiker):

Ich mag Sechser, weil sie ...
- gerne mit mir lachen,
- neugierig und munter sind und eine geistige Herausforderung für mich darstellen,
- warmherzig und verständnisvoll sind, besonders die gefühlsbetonten Sechser,
- aktiv und verspielt sind, besonders Sechser mit einem starken Siebenerflügel,
- loyal sind.

Ich habe Ärger mit Sechsern, weil sie ...
- mich fast wahnsinnig damit machen, daß sie an jede möglicherweise eintretende Situation denken, bevor sie etwas entscheiden,
- mich dahin bringen, daß ich am liebsten weglaufen würde, wenn sie ängstlich oder streitlustig sind und versuchen, mich zu kontrollieren,

- mich dafür kritisieren, daß ich mir selbst gern etwas Gutes tue,
- um sich herum alles nur negativ sehen und wegen einer Kleinigkeit einen Wutanfall bekommen können,
- zu streng und pflichtbewußt sind.

Was Siebener über Siebener sagen:

Ich mag Siebener, weil wir beide ...
- über gleich viel Energie verfügen (die meisten anderen Leute können nicht mit uns mithalten),
- häufige, kurze Kontakte mögen,
- die gleichen Interessen und die gleiche Vision von einer besseren Welt haben,
- beide unabhängig sind,
- viel Spaß miteinander haben, wenn wir Abenteuer planen und erleben.

Ich habe Ärger mit Siebenern, weil wir beide ...
- einander nicht immer zuhören,

Soviel zu mir – laß uns über dich reden.
Was hältst du von mir?
Anonym

- sowohl übertrieben kritisch als auch überempfindlich sein können,
- vor Problemen die Augen verschließen,
- gern flirten und alle Aufmerksamkeit auf uns ziehen,
- unsere Freiheit behalten möchten.

Was Siebener über Achter sagen (die Bosse):

Ich mag Achter, weil sie …
- gerne den Advocatus Diaboli spielen und wir dadurch anregende Diskussionen miteinander haben,
- die Schwachen in der Gemeinschaft schützen,
- ihre Ideale entschieden verteidigen,
- wissen, wie man abschaltet und sich einfach des Lebens freut,
- unabhängig sind, sich auf sich selbst verlassen und mir genügend Raum lassen, um zu tun, woran mir liegt,
- die Dinge beim Namen nennen.

Ich habe Ärger mit Achtern, weil sie …
- mich herumkommandieren und von mir erwarten, daß ich ihrer Meinung bin,
- ständig andere Menschen aus ihrem Leben verbannen, so daß ich mich frage, wann ich dran bin,
- Wutausbrüche haben,
- mit ihrer Persönlichkeit alles dominieren, so daß niemand anderer zu Wort kommt,
- ablehnen, was ich sage oder mir zunächst gar nicht zuhören.

Was Siebener über Neuner sagen (die Friedensstifter):

Ich mag Neuner, weil sie …
- umgänglich sind und es Spaß macht, mit ihnen zusammen zu faulenzen,
- Konfrontationen genausowenig mögen wie ich,
- tolerant sind und andere nicht verurteilen; sie regen sich z.B. nicht auf, wenn ich mal ein bißchen zu spät komme,
- meinen Idealismus zu schätzen wissen,

- meine Geschichten gerne hören und sich gern mit mir am Leben freuen,
- mir viel Aufmerksamkeit zukommen lassen.

Ich habe Ärger mit Neunern, weil sie …
- genau wie ich immer alle sich bietenden Möglichkeiten in Betracht ziehen, so daß wir Probleme haben, uns zu entscheiden, was wir denn nun tun,
- allzu stur sein können,
- nicht gern neue Dinge ausprobieren, die ihre Alltagsroutine durchbrechen,
- oft nicht konsequent sind und nicht tun, was sie sich vorgenommen haben,
- sich die meiste Zeit in Zeitlupe zu bewegen scheinen.

Dinge, die Siebener nicht im Traum tun würden

☞ Eine Einladung zum Trekking im Himalaya auszuschlagen, weil sie sich vorgenommen haben, die Garage aufzuräumen,

☞ in ein vertrautes Restaurant zu gehen, wenn gleich daneben ein exotisches, neues aufgemacht hat,

☞ sich bei einem Weiterbildungskurs die schwerfälligste Person auszusuchen, um die Pausen gemeinsam zu verbringen,

☞ irgend etwas immer und immer wieder zu tun,

☞ einen detaillierten Plan für ihre gesamte Reise festzulegen und diesen genau zu befolgen,

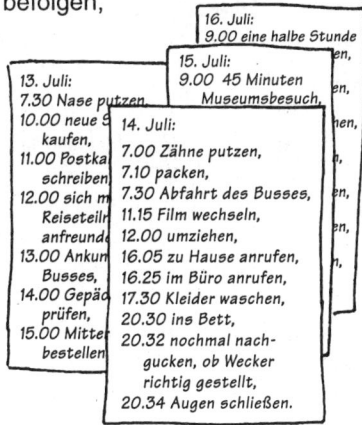

13. Juli:
7.30 Nase putzen,
10.00 neue S... kaufen,
11.00 Postka... schreiben,
12.00 sich m... Reiseteil... anfreund...
13.00 Ankun... Busses,
14.00 Gepäc... prüfen,
15.00 Mitte... bestellen

14. Juli:
7.00 Zähne putzen,
7.10 packen,
7.30 Abfahrt des Busses,
11.15 Film wechseln,
12.00 umziehen,
16.05 zu Hause anrufen,
16.25 im Büro anrufen,
17.30 Kleider waschen,
20.30 ins Bett,
20.32 nochmal nach-
        gucken, ob Wecker
        richtig gestellt,
20.34 Augen schließen.

15. Juli:
9.00 45 Minuten
      Museumsbesuch,

16. Juli:
9.00 eine halbe Stunde

☞ die Aufgabe übernehmen, amtliche For-
mulare auf Druckfehler zu überprüfen.

Wie man mit Siebenern klarkommt

• Zeigen Sie ihnen, daß Sie ihren Optimismus, ihre Spontaneität
und ihre Begeisterungsfähigkeit für alles Neue zu schätzen
wissen.
• Hören Sie ihnen zu, wenn sie ihre Geschichten erzählen, führen Sie anregende Gespräche mit ihnen und beteiligen Sie
sich an lustigen und abenteuerlichen Unternehmungen.
• Versuchen Sie nicht, sie in eine bestimmte Schublade einzuordnen oder ihnen bestimmte Alltagsroutinen aufzuzwingen.

Anne plant gern flexibel und ist
bis zur letzten Minute offen für Änderungen.

• Seien Sie vorsichtig mit Kritik. Drücken Sie sich kurz aus
und sorgen Sie dafür, daß Siebener sich nicht in die Defen-
sive gedrängt fühlen.
• Entwickeln Sie jede Menge eigner Interessen, anstatt sich in
allem, was mit Kameradschaft und Unterhaltung zu tun hat,
von ihnen abhängig zu machen.

- Wenn Sie das Gefühl haben, daß Siebener zuviel reden und Sie nur noch Publikum sind, versuchen Sie, die Situation in ein Gespräch umzubiegen, bei dem Sie auch etwas zu sagen haben. Wenn das nicht funktioniert, erfinden Sie eine diplomatische Ausrede und machen Sie sich aus dem Staub.

- Halten Sie sich damit zurück, gemeinsam mit Siebenern Gefühle zu besprechen und zu verarbeiten, besonders dann, wenn Sie ein gefühlsbetonter Typ sind und Ihr Siebener-Freund oder -Partner ein gedanklich zentrierter Typ ist.
- Siebener neigen dazu, Probleme zu übergehen und zu leugnen. Erinnern Sie sie daran, daß dieselben Probleme sich immer wieder ergeben, wenn man sie nicht zu lösen versucht.
- Ziehen Sie sich zurück und gehen Sie auf Distanz, wenn Siebener auffallend grob oder beleidigend reagieren, lassen Sie sie jedoch niemals ganz und endgültig in Ruhe.

Sie können Siebener zusätzlich unterstützen, indem Sie ...

- sie daran erinnern, ihre Gefühle nicht zu leugnen und sich insbesondere über ihre Ängste klarzuwerden. Teilen Sie diese Ängste mit ihnen,
- sie zu regelmäßiger körperlicher Bewegung ermuntern,
- ihnen helfen, durchzuhalten und ihrem Ärger Luft zu machen,
- sie ermutigen, das ganze Spektrum der Gefühle auszukosten: Freude und Schmerz, Vergnügen und Kummer.

Vladimir lernte mit der Zeit,
Geduld, Mäßigung und einen planvollen Umgang
mit der Zukunft zu schätzen.

Anschließend ging er zum Fallschirmspringen.

Die Bosse

Erledige nicht mit Worten, was du auch
mit einem Flammenwerfer bewerkstelligen kannst.
Bruce Feirstein

Achter sind motiviert von dem Bedürfnis, stark zu sein und sich auf sich selbst verlassen zu können und etwas in der Welt zu bewirken.

Achter, Neuner und Einser bilden das Bauch-Zentrum des Enneagramms. Sie kreisen um die Themen Wut und Unbe-herrschtheit. Achter verlieren leicht den Kontakt mit sich selbst und spielen dann die Rolle des Anführers, der sich durchsetzt. Anders als Neuner und Einser machen sie ihrem Ärger meist Luft.

Achter von ihrer besten Seite sind	Achter von ihrer schlechtesten Seite sind
zuversichtlich	unsensibel
energisch	dominant
aufrichtig	selbstbezogen
entschieden	zu aggressiv
direkt	anspruchsvoll
loyal	arrogant
beschützend	kämpferisch
freigebig	besitz-ergreifend
unterstützend	kompromißlos
tapfer	spitzfindig

Persönlichkeits-Fragebogen

Prüfen Sie, was auf Sie zutrifft.

- ☐ 1. Ich mag Aufregung und wenn viel los ist; leidenschaftliche Menschen ziehen mich an.
- ☐ 2. Ich mag eine rauhe Schale haben, aber wenn ich das Gefühl habe, jemandem vertrauen zu können, kann ich liebevoll und verletzlich sein.
- ☐ 3. Ich gelte als couragiert.
- ☐ 4. Ich kann hart und unnachgiebig sein.
- ☐ 5. Menschen, die nicht so stark sind wie ich selbst, kommen mit meiner bestimmenden und die Konfrontation suchenden Art nicht zurecht.
- ☐ 6. In einer ernsthaften Beziehung bin ich bereit, alles zu tun, um einem Konflikt auf den Grund zu gehen.
- ☐ 7. Ich brauche manchmal das Alleinsein – auch in einer vertrauten Beziehung.
- ☐ 8. Meine Freunde beklagen sich manchmal darüber, daß ich ihre Meinung nicht gelten lasse.
- ☐ 9. Es ist sehr wichtig für mich, unabhängig zu sein und mich auf mich selbst verlassen zu können.
- ☐ 10. Ich erwarte Fairneß und Gleichberechtigung.
- ☐ 11. Menschen, die mir nahestehen, möchte ich ständig vor allem möglichen beschützen.
- ☐ 12. Ich habe meist kein Problem damit, zu sagen, was ich denke.
- ☐ 13. Es macht mir Spaß, andere zu motivieren und zu befähigen.
- ☐ 14. Ich unterstütze die Benachteiligten.
- ☐ 15. Manchmal lasse ich andere Menschen nicht an mich heran, weil ich später nicht hängengelassen werden möchte.
- ☐ 16. Ich möchte eher respektiert als gemocht werden.
- ☐ 17. Ich mag es, wenn Ordnung herrscht und alles an seinem Platz ist, besonders meine eigenen Sachen.
- ☐ 18. Ich neige zu exzessiven Genüssen (Essen, Drogen etc.).

☐ 19. Meine erste Reaktion besteht oft darin, daß ich andere beschuldige.

☐ 20. Ich nehme anderen gern ihre Anmaßung.

Welcher Subtyp sind Sie?

Sie können die Kennzeichen von einem, zwei oder von allen drei Subtypen aufweisen.

Innerhalb jedes Typs gibt es drei Subtypen, die die drei Aspekte des Instinktlebens repräsentieren: persönliches Wohlergehen *(selbsterhaltungsorientiert)*, Zweierbeziehungen *(beziehungsorientiert)* und Gemeinschaft *(sozial orientiert)*. Diese Subtypen oder Instinkte drücken sich in der Art und Weise, wie wir mit dem Leben umgehen, größtenteils unbewußt aus. Bei den meisten von uns sind jedoch ein oder zwei Subtypen besonders ausgeprägt, und dies beeinträchtigt unser inneres Wachstum.

Achter versuchen auf verschiedene Weise, die Situation zu kontrollieren und Macht auszuüben, abhängig von ihrem Subtyp. Wie, erfahren Sie im folgenden. Im Zuge einer inneren Entwicklung können Achter ihre Einschränkungen überwinden und haben dann weniger das Bedürfnis, sich gegen andere durchsetzen zu müssen.

Selbsterhaltungsorientierte Achter: „Befriedigendes Überleben"

Lebenskunst hat mehr mit Ringen als mit Tanzen zu tun.
Man sollte einen sicheren Stand haben
und auf unvorhergesehene Angriffe gefaßt sein.
Marcus Aurelius

• Ich sorge immer dafür, daß ich genügend zu essen habe, daß ich es bequem habe und daß Notvorräte da sind.

- Unabhängigkeit und Sicherheit sind sehr wichtig für mich; in finanziellen Dingen und anderen Angelegenheiten möchte ich mich nicht auf andere verlassen müssen.
- Es bringt mich durcheinander, wenn bestimmte Dinge in meinem Leben nicht so sind wie sonst und wenn ich nicht tun und lassen kann, was ich immer tue und was ich tun will.
- Schutz ist eines der Hauptthemen meines Lebens – Schutz für mich, für meine Sachen und für andere.
- Ich fühle mich sicherer, wenn ich an einem Platz sitze, von dem aus ich alles, was im Raum vorgeht, beobachten kann.
- Ich versuche sicher- zustellen, daß niemand sich an mich anschleichen kann oder mir zu nahe kommt.

Beziehungsorientierte Achter: „Besitzen und sich ergeben"

Beziehungsorientierte Achter, insbesondere Männer, sind unter allen Subypen die extremsten.

- Für manche Menschen bin ich zu bestimmt. Ich ziehe Energie und Leidenschaftlichkeit einer bequemen, abgestorbenen Atmosphäre vor.
- Ich bin besitzergreifend, gleichzeitig kann ich mich durchaus aufgeben. Wenn ich einem Freund oder Partner vertraue, kann ich weich und verletzlich sein; den Anspruch, das Sagen zu haben, kann ich jedoch nie ganz aufgeben.

- Ich bin mir nicht sicher, ob ich einen Partner will, der beschützt und umsorgt werden muß, oder jemanden, den ich respektieren kann und der seine Interessen zu vertreten weiß.
- Ich zeige mich von meiner schlechtesten Seite, wenn man in einer Angelegenheit, die mich direkt oder indirekt betrifft, nicht meinen Rat oder meine Meinung einholt.
- Ich fühle mich von Menschen angezogen, die direkt sind und die nicht allergisch auf Konfrontationen reagieren.
- Ich fühle mich meinem Partner näher, wenn wir uns streiten, denn das fördert die Wahrheit zutage. Allerdings kann ständiges Streiten auch dazu führen, daß mir die Beziehung keinen Spaß mehr macht.
- Ich treffe Vorkehrungen dagegen, daß jemand versucht, ein Machtspielchen mit mir durchzuziehen oder meine Beziehung zu gefährden.

Sozial orientierte Achter: „Freund oder Feind?"

Ein wahrer Freund hält zu dir,
sogar dann noch, wenn er dich wirklich gut kennt.

- Ich lege meinen Schutzpanzer erst ab, wenn ich weiß, wo ich stehe und daß man mich respektiert.
- Ich teste die Loyalität meiner Freunde. Wenn ich erst einmal jemandem wirklich vertraue, erhalte ich die Freundschaft meist ein Leben lang aufrecht.
- In einer Gruppe achte ich darauf, wer außer mir noch etwas zu sagen hat, um meine Autorität aufrechtzuerhalten.
- Für meine Freunde und für die Schwächeren in der Gemeinschaft lege ich mich mit jedem an, aber ich möchte auch, daß die, die ich schütze, Selbstvertrauen entwickeln und einen sicheren Stand (zurück)gewinnen.
- Ich bemühe mich, loyal zu sein und Probleme konstruktiv zu lösen, aber wenn jemand die Regeln verletzt und mich hintergeht, bin ich imstande, ihn oder sie für immer aus meinem Leben zu entfernen.
- Ein gelegentlicher Streit um Wahrheit oder Gerechtigkeit zwischen ebenbürtigen Gegnern macht mir Spaß.

• In einer Gruppe übernehme ich meist die Rolle des Beschützers und achte darauf, daß es gerecht zugeht.

Flügel

Die Flügel sind die beiden Ihrem Typus unmittelbar benachbarten Typen. Achter mit einem starken Siebenerflügel gehören zu den entschiedensten Typen des Enneagramms. Achter, die sich eher auf ihren Neunerflügel zubewegen, sind meist ruhige Menschen.

Achter mit einem starken Siebenerflügel sind für gewöhnlich gesellig, ehrgeizig, impulsiv, risikofreudig und aggressiv. Sie neigen zu Überreaktionen und zum Materialismus und sind anfällig für Abhängigkeiten aller Art.

Achter mit einem starken Neunerflügel sind meist beständig, unterstützend, geduldig, maßvoll und auf ruhige Art dominant. Sie sind nicht leicht in Wut zu bringen und neigen zur Kälte und Indifferenz.

Dieser Typus schwankt oft zwischen Streitlust und Versöhnungsbereitschaft.

Es kommt gelegentlich vor, daß Menschen der Außenwelt eher die Persönlichkeit eines ihrer Subtypen präsentieren als ihren eigentlichen Typus.

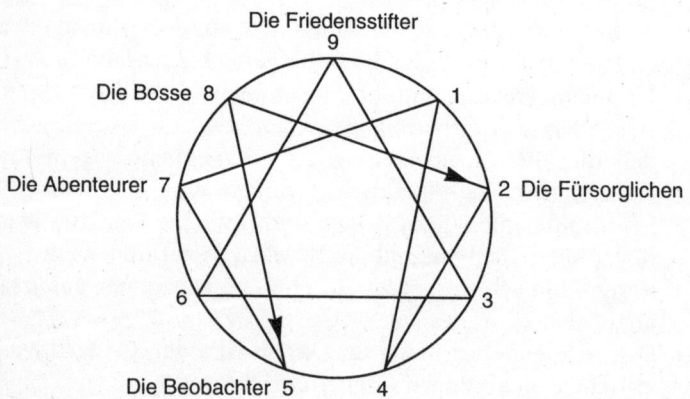

Pfeile

Ihre Persönlichkeit wird auch von den beiden Typen beeinflußt, die mit Ihrem Typus durch Linien verbunden sind, den *Pfeilen* Zwei und Fünf.

Wie Flügel und Pfeile Ihr Verhalten in Beziehungen beeinflussen

Wir besitzen eine natürliche Verbindung zu unseren Flügeln und Pfeilen. Sie kommen ins Spiel, ohne daß wir es bemerken: ihre positiven Aspekte, wenn wir uns ruhig und gut aufgehoben fühlen, und ihre negativen Aspekte in Zeiten erhöhter Belastung. Wenn wir an uns selbst etwas verändern wollen, können wir versuchen, die positiven Aspekte unserer Flügel und Pfeile bewußt anzunehmen und ihre negativen Züge zu vermeiden. Vielleicht haben Sie Lust, die Kapitel über Siebener, Neuner, Zweier und Fünfer zu lesen, um mehr über sie zu erfahren.

Die Achterflügel Sieben und Neun beeinflussen diesen Typus in sehr unterschiedlicher Weise. Ist Ihr Siebenerflügel stärker ausgeprägt, so sind Sie vermutlich eher extrovertiert, energisch und schnell. Die negative Einwirkung dieses Flügels besteht darin, daß er Egozentrismus und Hyperaktivität begünstigt. Der friedliche Neuner und der aggressive Achter sind innerhalb des Enneagramms wohl die beiden Typen, die am stärksten miteinander kontrastieren. Sie können Ihren Neunerflügel stärker betonen, wenn Sie kindlicher und aufnahmefähiger sein möchten. Achten Sie jedoch darauf, sich nicht zu sehr von den Anliegen anderer Menschen vereinnahmen zu lassen oder widerspenstig und störrisch zu werden.

Ihr Zweierpfeil kann Ihnen die Fähigkeit geben, mit Hilfe von Warmherzigkeit, Zärtlichkeit und Mitgefühl erfolgreiche Beziehungen zu anderen Menschen herzustellen. Achten Sie jedoch auch auf die Tendenz, sich zu sehr von anderen abhängig zu machen, besitzergreifend zu sein oder unrealistische Anforderungen an andere zu stellen.

Eine stärkere Betonung Ihres Fünferpfeils stützt ihre Unabhängigkeit und läßt Sie objektiver, maßvoller und gelassener werden. Vermeiden Sie die Fünfer-Tendenz, sich zurückzuziehen oder paranoide Vorstellungen zu entwickeln. Achter in Hochform sind unterstützende und beschützende Partner und Freunde. Ihre Loyalität, Aufrichtigkeit, Freigebigkeit und Begeisterungsfähigkeit färben auf uns andere ab.

Typische Achter-Charakterzüge bei berühmten Leuten und Filmfiguren:
(Spekulationen der Autorinnen)

Verantwortung tragen – das war es,
was ich schon als Heranwachsende immer wollte.
Brigadegeneral Wilma Vaught

Stark und mächtig: Fidel Castro, Lyndon Johnson, Ann Richards, Indira Gandhi, Joseph Stalin, Golda Meir, Charles de Gaulle, Norman Schwarzkopf, Saddam Hussein, Martin Luther King

Solange man sowieso denkt,
sollte man in großen Dimensionen denken.
Donald Trump

Freimütig: Germaine Greer, Bella Abzug, Ed Asner, Murphy Brown

Aggressiv, energisch oder tyrannisch: Rush Limbaugh, Frank Sinatra („Chairman of the Board"), Jimmy Hoffa, Carla in „Cheers", F. Lee Bailey, Marlon Brando in „Der Pate"

172

Größer als das Leben: Davy Crockett, Alexis Zorbas in Kazantzakis Roman, Perry Mason

Beschützend: Curtis Sliwa (Chef der „Guardian Angels"), Arnold Schwarzenegger in den „Terminator"-Filmen

Zügellos: John Belushi, Roseanne, Milton Berle

Energisch und tapfer: Mike Wallace, Pat Buchanan, Barbara Walters, Bea Arthur

Furchtbar und schrecklich: Pete Rose („Ich habe immer alles hundertprozentig gemacht"), Charles Barkley, Billie Jean King, Mike Tyson, John McEnroe, George Foreman, Jim Brown, Mike Ditka

Ich lande absolute Treffer oder ich haue voll daneben.
Ich lebe mein Leben in möglichst großem Stil.
Babe Ruth

Künstlerisch eindringlich: Ernest Hemingway, Norman Mailer, Leo Tolstoi, John Ford

Berühmte Paare

Achter und Einser: Humphrey Bogart und Lauren Bacall

Achter und Zweier: J. R. Ewing und Sue Ellen in „Dallas"

Achter und Dreier: W. C. Fields und Mae West in „My Little Chickadee"

Achter und Vierer: Aristoteles Onassis und Maria Callas

Achter und Fünfer: Michelle Pfeiffer und Jeff Bridges in „Die phantastischen Baker Boys"

Achter und Sechser: Mao Tse Tung und Jiang Qing

Achter und Siebener: Roseanne und Tom Arnold

Achter und Achter: Danny de Vito und Rhea Perlman

Achter und Neuner: Lyndon und „Lady Bird" Johnson

Achter in Beziehungen

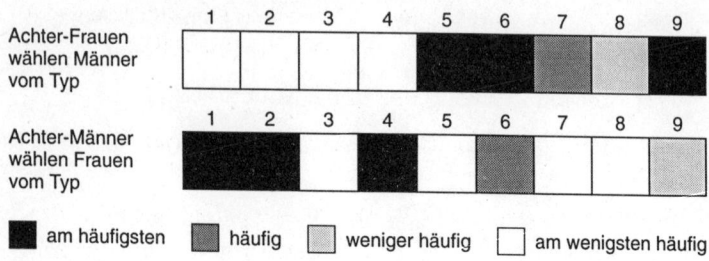

| | 1 | 2 | 3 | 4 | 5 | 6 | 7 | 8 | 9 |

Achter-Frauen wählen Männer vom Typ

Achter-Männer wählen Frauen vom Typ

■ am häufigsten   ▨ häufig   ▢ weniger häufig   □ am wenigsten häufig

Was Achter über Einser sagen (die Perfektionisten):

Ich mag Einser, weil sie ...

• leidenschaftlich sind; in ihrer Gesellschaft fühle ich mich gefordert,

• für sich selbst einstehen können,

• meinen Mut und meine Bestimmtheit bewundern,

• praktisch und verantwortungsbewußt sind und andere Leute nicht hängenlassen,

• klar, aufrichtig und pointiert reden.

Ich habe Ärger mit Einsern, weil sie ...

• selbstgerecht sein können und nach einem unflexiblen Regelkodex leben,

• stur sein können und versuchen, mich zu beherrschen,

• übereifrig sind,

• sich Gedanken darüber machen, was andere über sie denken,

• sich an der Gewagtheit meiner Sprache und meines Verhaltens stören,

• in ihrer Selbstwahrnehmung und der Wahrnehmung anderer manchmal unrealistisch sind.

Was Achter über Zweier sagen (die Fürsorglichen):

Ich mag Zweier, weil sie ...
- sich offen zu mir bekennen und mir helfen, die zarten Gefühle in mir zu entdecken, die mit meinem Zweierpfeil zu tun haben,
- meist lebhaft und begeisterungsfähig sind,
- ein großes Herz besitzen und für ihre Freunde und Familie Opfer bringen,
- mir freigebig ihre Aufmerksamkeit zukommen lassen,
- gern von mir beschützt werden.

Ich habe Ärger mit Zweiern, weil sie ...
- kühl und distanziert werden, anstatt sich gegen mich zur Wehr zu setzen,
- sich falsch und inkonsequent verhalten, damit andere Leute sie mögen und akzeptieren,
- versuchen, sich dafür zu rächen, daß man ihnen gegenüber nicht aufmerksam genug war,
- bei mir Schuldgefühle verursachen, indem sie sich verletzt und beleidigt verhalten, wenn ich einfach nur ich selbst bin,
- zu sehr darauf konzentriert sind, nett zu sein und mir zu helfen.

Was Achter über Dreier sagen (die Leistungsorientierten):

Ich mag Dreier, weil sie ...
- die Initiative ergreifen und ihre Aufgaben erledigen,
- bei der Arbeit und in der Freizeit voller Energie stecken,

- optimistisch sind,
- meine Freigebigkeit zu schätzen wissen,
- sich von Rückschlägen meist schnell wieder erholen.

Ich habe Ärger mit Dreiern, weil sie ...
- sich zurückziehen, wenn sie sich ärgern, anstatt die Sache mit mir auszudiskutieren,
- versuchen, allen zu gefallen und niemandem zu nahe zu treten,
- bestimmte Dinge nur tun, um andere zu beeindrucken, anstatt einfach sie selbst zu sein,
- zu sehr damit beschäftigt sind, zu arbeiten und nützliche Beziehungen zu knüpfen,
- sich emotional nicht loslösen können.

Was Achter über Vierer sagen (die Romantiker):

Ich mag Vierer, weil sie ...
- genauso viel Energie haben wie ich und so die Intensität unserer Gefühle auf einem hohen Level halten,
- einen rebellischen Zug an sich haben, wie ich auch,
- mutig für ihre Ideale einstehen,
- meine Bodenständigkeit zu schätzen wissen,
- interessante Gedanken haben und über emotionale Tiefe verfügen,
- mit mir in einer gesunden Konkurrenz stehen.

Ich habe Ärger mit Vierern, weil sie ..

- sich mit den Leuten, mit denen sie Probleme haben, nicht auseinandersetzen,
- an ihrer Opferrolle festhalten,
- meine Äußerungen zu persönlich nehmen,
- mein Benehmen kritisieren,
- das Leben kompliziert machen, indem sie sich ständig in ihre Gefühle versenken und über den Sinn des Lebens nachgrübeln.

Was Achter über Fünfer sagen (die Beobachter):

Ich mag Fünfer, weil sie ...
- die Dinge intelligent und methodisch durchdenken,
- sich auf sich selbst verlassen können und mein Bedürfnis nach Unabhängigkeit verstehen,
- erfinderisch und geistreich sind,
- in mir ein Vorbild dafür sehen, wie man sich durchsetzt,
- mich für meine Fähigkeit bewundern, direkt zu sein und meine Ziele zu verfolgen,
- diskret sind und Vertrauliches für sich behalten.

Ich habe Ärger mit Fünfern, weil sie ...
- sich zurückziehen oder schmollen, wenn sie mich zu grob oder zu leidenschaftlich finden,
- vage werden und theoretisieren, anstatt zu handeln; sie machen sich lieber dünn, anstatt sich auf einen Wettstreit oder eine Auseinandersetzung mit mir einzulassen,
- an mir kritisieren, daß ich ein Besserwisser sei, und dabei nicht merken, daß sie selber auch nicht besser sind,
- auf Engagement, Leidenschaftlichkeit und Lebhaftigkeit anscheinend keinen Wert legen,
- knochentrocken, langweilig und zurückhaltend sein können,
- sich nicht umstimmen lassen, wenn sie sich einmal für etwas entschieden haben.

Was Achter über Sechser sagen (die Skeptiker):

Ich mag Sechser, weil sie ...
- meinen Mut bewundern,
- meine Unterstützung zu schätzen wissen,
- möchten, daß man ihnen vertraut und mein Bedürfnis verstehen, ihnen zu vertrauen,
- mich bei Diskussionen auf Trab halten,
- wohldurchdachte Einstellungen vertreten,
- Sinn für Humor haben und mich zum Lachen bringen,
- loyal sind und mich in harten Zeiten aufmuntern.

Ich habe Ärger mit Sechsern, weil sie ...
- durch ihr exzessives Analysieren, ihr dauerndes Reden und ihre ewigen Überlegungen meine Geduld auf die Probe stellen,
- sich selbst nicht vertrauen und darum abhängig von anderen werden (phobische Sechser),
- über Situationen nachgrübeln, die vielleicht nie eintreten werden,
- Angst davor haben, Neues auszuprobieren,
- mich unter den Druck setzen, daß ich ihnen ständig irgend etwas versichern muß,
- entweder zu zurückhaltend sind oder in einer unbedachten Weise vorwärtsdrängen.

Was Achter über Siebener sagen (die Abenteurer):

Ich mag Siebener, weil sie ...
- sagen, was sie denken und sich selbst nicht zu ernst nehmen,
- sich vom Alltagsstreß lösen und einfach Spaß haben können und weil sie mich zum Lachen bringen,
- vor Autoritäten zurückschrecken,
- unerschöpflich viel Energie für Abenteuer und schöne Erlebnisse mitbringen,
- sich aufregende Dinge ausdenken, die wir miteinander tun können.

Ich habe Ärger mit Siebenern, weil sie ...

- keinerlei Toleranz dafür aufbringen, daß ich ab und zu wütend werde,
- sich bei Schwierigkeiten oder Problemen unerreichbar verhalten,
- inkonsequent sind, wenn es darum geht, mir oder anderen Aufmerksamkeit oder Unterstützung zukommen zu lassen,
- versuchen, mir zu schmeicheln, damit ich für sie die Drecksarbeit erledige (z. B. andere Leute stellvertretend für sie angreife),
- dazu neigen, die Dinge zu rationalisieren, und nicht direkt sind, gelegentlich auch unaufrichtig, was mich wirklich ärgert, denn ich bin ein Verfechter der Wahrheit.

Was Achter über Achter sagen:

Ich mag Achter, weil wir beide ...

- aneinander zu schätzen wissen, daß sich der andere für Wahrheit und Gerechtigkeit, Familie und Freunde einsetzt,
- energisch sind und das Beste aus unserem Leben machen,
- verbal und körperlich unnachgiebig miteinander umgehen,
- einander fordern und einander viel Liebe geben,
- hitzige und leidenschaftliche Diskussionen mögen.

Ich habe Ärger mit Achtern, weil wir beide ...

- aufeinander herumhacken und zuviel streiten,
- gemein zueinander sind, wenn wir uns verletzt fühlen und hinterher Schwierigkeiten haben, wieder zueinander zu finden,
- beide zu besitzergreifend sind,
- Probleme damit haben, einander gleich viel Autorität zuzugestehen.

Was Achter über Neuner sagen (die Friedensstifter):

Ich mag Neuner, weil sie ...

- freigebig sind,
- Menschen sind, die ich gern um mich habe und mit denen sich gut faulenzen läßt,

- mir viel Zuneigung und Aufmerksamkeit zukommen lassen,
- meine dynamische Persönlichkeit zu schätzen wissen,
- mir dabei helfen, mein Gleichgewicht wiederzufinden, wenn ich vor Wut außer mir bin,
- mein überschwengliches Benehmen bis zu einem gewissen Grad zu schätzen wissen.

Ich habe Ärger mit Neunern, weil sie ...
- einen Keil zwischen uns treiben, weil sie sich nicht gern mit mir streiten; ab und zu habe ich Spaß an einer anständigen Diskussion,
- von mir erwarten, daß ich errate, was sie denken, anstatt es mir direkt zu sagen,
- oft zu passiv und unentschieden sind und sich den Dingen nicht stellen,
- meinen Enthusiasmus durch ihre Sturheit dämpfen,
- ihre eigene Energie und Lebendigkeit ablehnen.

Dinge, die Achter nicht im Traum tun würden

☞ Im Supermarkt geduldig in der Kassenschlange zu warten, während die Kassiererin endlos lange mit einem anderen Kunden redet oder sich die Fingernägel feilt,

☞ ruhig und konzentriert zu bleiben, wenn ihr Nachbar ihnen den Super-Rasenmäher, den er sich ausgeliehen hat, in defektem Zustand zurückbringt,

☞ Sonderangebote ihres Lieblingsgeschirrs in zweiter und dritter Wahl zu verpassen,

☞ sich nicht zu rächen oder nicht zumindest an Rache zu denken, wenn jemand sie in Verlegenheit bringt oder sich über sie lustig macht,

☞ sich jeden Morgen darum zu reißen, dem Chef Kaffee zu bringen und dabei schüchtern die Augen niederzuschlagen und leise zu kichern,

☞ einen Kollegen zu bitten, ihre Hand zu halten, wenn sie sich bei einer Besprechung unsicher fühlen.

Wie man mit Achtern klarkommt

• Gehen Sie energisch mit ihnen um. Achter mögen heftigen körperlichen und seelischen Kontakt.

- Würdigen Sie ihre Stärke, ihr Selbstvertrauen und ihren Sinn für Gerechtigkeit.
- Seien Sie ehrlich und direkt. Sagen Sie ihnen, was Sie denken, und versuchen Sie nicht, einen Achter davon abzuhalten, zu sagen, was er denkt.
- Sagen Sie es ihnen, wenn sie Sie verletzt haben. Achter sind sich Ihrer Wirkung auf andere oft nicht bewußt.
- Stehen Sie für sich selbst ein. Lassen Sie sich nicht von ihnen herumschubsen und lassen Sie nicht zu, daß ihre Meinung abgewertet wird.
- Arbeiten Sie auf Kompromisse hin, die Ihnen beiden ermöglichen, Ihre Selbstachtung zu bewahren.
- Wenn Achter einen Wutanfall bekommen, ziehen Sie sich zurück und lassen Sie die Wut verrauchen. Eine wütende oder ängstliche Reaktion Ihrerseits wird die Situation nur noch verschärfen.
- Respektieren Sie ihr Bedürfnis, alleine zu sein.
- Akzeptieren Sie bis zu einem gewissen Grad, daß Achter sich gern aufplustern. Nehmen Sie nicht gleich alles persönlich.

Sie können Achter zusätzlich unterstützen, indem Sie ...

- sie dazu ermutigen, sich zu entspannen und sich regelmäßig zu bewegen, um Streß vorzubeugen bzw. um besser damit zurechtzukommen,
- sie bitten, auch dann zuzuhören, wenn andere ihre Meinung äußern,
- sie daran erinnern, daß die meisten Menschen Streitigkeiten lieber aus dem Weg gehen,
- ihnen dabei helfen, über ihre Probleme zu sprechen, ohne sich dabei unwohl zu fühlen und Ihnen zu sagen, wo sie verletzlich sind.

Etwas später ...

Die Friedensstifter

Wir leben so nah zusammen. Darum ist es unser erstes Ziel,
anderen zu helfen. Und wenn du ihnen nicht helfen kannst,
so bereite ihnen doch zumindest keinen Schmerz.
Dalai Lama

Neuner sind motiviert von dem Bedürfnis, in Harmonie zu leben, mit anderen zu verschmelzen und Konflikte zu vermeiden. Von allen Enneagramm-Typen sind sie diejenigen, die am meisten dazu neigen, sich mit anderen zu identifizieren.

Achter, Neuner und Einser bilden das Bauch-Zentrum des Enneagramms und kreisen um die Themen Wut und mangelnde Selbstbeherrschung. Neuner fügen sich in die Situation ein, passen sich anderen an und vergessen dabei ihre eigentlichen Bedürfnisse. Sie drücken ihre Wut oft unbewußt aus.

Habt ihr schon mal überlegt, ob ihr euch nicht auseinandersägen lassen wollt?

Neuner von ihrer besten Seite sind	Neuner von ihrer schlechtesten Seite sind
tolerant	passiv-aggressiv (zeigen Feindschaft in indirekter Weise)
geduldig	
weise	
empathisch	stur
freundlich	apathisch
zartfühlend	allzu nachgiebig, nicht durchsetzungsfähig
unterstützend	
andere nicht verurteilend	defensiv
wahrnehmungsfähig	zu Tagträumereien neigend, verträumt
	vergeßlich
	obsessiv
	allzu angepaßt

Persönlichkeits-Fragebogen

Prüfen Sie, was auf Sie zutrifft.

☐ 1. Meine Freunde sagen, daß sie sich in meiner Gesellschaft wohl fühlen und entspannt und friedlich sind.

☐ 2. Entscheidungen zu treffen fällt mir oft schwer, weil ich alle Seiten einer Sache in Betracht ziehe.

☐ 3. Ich versuche, an andere keine Forderungen zu stellen, und ich reagiere stur, wenn andere Forderungen an mich stellen.

☐ 4. Manchmal entwickle ich mehr Ehrgeiz für die Anliegen meines Partners als für mich selbst.

☐ 5. Manchmal bin ich zögerlich.

☐ 6. Ich fühle mich eher niedergeschlagen und lethargisch als wütend.

☐ 7. Die Menschen mögen mich, weil ich andere akzeptiere und sie nicht verurteile und mir nichts anmaße.

☐ 8. Ich hänge sehr an meinen Gewohnheiten und Alltagsroutinen.

☐ 9. Ich bin leicht ablenkbar.

☐ 10. Ich nehme mir gern jeden Tag ein bißchen Zeit, um mich zu entspannen und meine Gedanken umherschweifen zu lassen.

☐ 11. Oft ist es so, daß ich mich meinem Partner eher anpasse, als für meine eigenen Wünsche einzustehen und ihn oder sie damit zu konfrontieren.

☐ 12. Normalerweise mag ich es nicht, wenn alle Aufmerksamkeit auf mich gerichtet ist.

☐ 13. Ich versuche oft, mich von meinen Problemen abzulenken, anstatt mich darauf zu konzentrieren.

☐ 14. Ich gelte als guter Zuhörer, aber ich höre anderen gar nicht in dem Maße zu, wie sie denken.

☐ 15. Ich habe Probleme damit, mich für eine Möglichkeit zu entscheiden und alle anderen Optionen auszuschlagen.

☐ 16. Andere Menschen sagen, ich sei zu passiv und unentschieden.

☐ 17. Ich fühle mich oft ängstlich, ohne daß andere dies bemerken.
☐ 18. Ich glaube daran, daß sich die Dinge auf lange Sicht von selbst erledigen.
☐ 19. Ich beschäftige mich nicht so sehr mit meinem sozialen Status oder Prestige wie viele andere Menschen.
☐ 20. Es körperlich bequem zu haben ist sehr wichtig für mich.

....

Welcher Subtyp sind Sie?
....

Sie können die Charakterzüge von einem, zwei oder von allen drei Subtypen aufweisen.

Innerhalb jedes Typs gibt es drei Subtypen, die die drei Aspekte des Instinktlebens repräsentieren: persönliches Wohlergehen *(selbsterhaltungsorientiert)*, Zweierbeziehungen *(beziehungsorientiert)* und Gemeinschaft *(sozial orientiert)*. Diese Subtypen oder Instinkte drücken sich in der Art und Weise, wie wir mit dem Leben umgehen, größtenteils unbewußt aus. Bei den meisten von uns sind jedoch ein oder zwei Subtypen besonders ausgeprägt, und dies beeinträchtigt unser inneres Wachstum.

Neuner versuchen auf verschiedene Weise von ihrer Wut abzulenken, je nachdem, welcher Subtyp sie sind. Wie, wird im folgenden gezeigt. Im Zuge einer Entwicklung, bei der sie erkennen, worin ihre tatsächlichen Bedürfnisse und Prioritäten bestehen, wird ihr Bedürfnis geringer, mit anderen zu verschmelzen und ihren Ärger zu unterdrücken.

Selbsterhaltungsorientierte Neuner: „Appetit"

Das erste, was ich mochte, und das mich auch mochte,
war meiner Erinnerung nach Essen.
Rhoda Morgenstern

- Ich hänge sehr an meinen Fern-
  seh-, Lese- und Arbeitsge-
  wohnheiten. Ebenso wichtig
  ist es für mich, lange aus-
  schlafen zu können, ins
  Kino zu gehen oder ähn-
  liches, und ich werde nervös, wenn mir irgend etwas
  dazwischenkommt.
- Ich neige dazu, wichtige
  anstehende Aufgaben
  und Verantwortlichkei-
  ten nicht zu beachten und
  mich statt dessen meinen
  Gewohnheiten zu widmen.
- Essen ist für mich sehr
  wichtig. Manchmal esse
  ich, um „abzuschalten",
  um mich abzulenken
  und um meine wahren
  Gefühle zu verdecken.
- Ich sammle gern Dinge
  und Informationen.
- Manchmal kann ich
  mich nicht entscheiden,
  was ich wegwerfen soll, weil

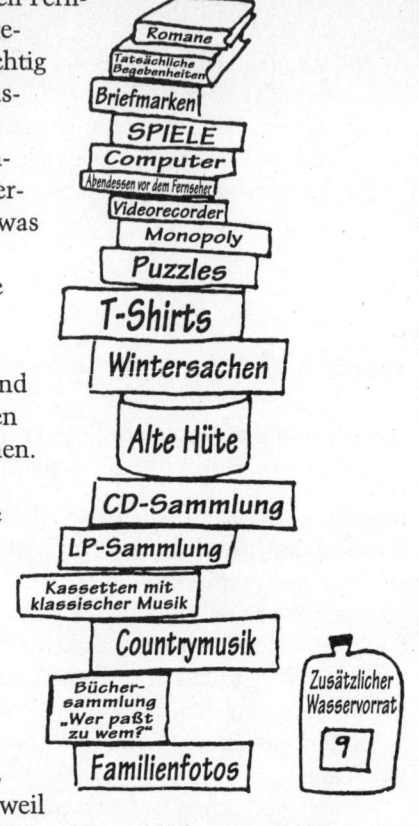

ich nicht weiß, welche Dinge mir wirklich etwas bedeuten.
- Ich versuche, meinen eigenen Bedürfnissen gerecht zu werden,
  indem ich meine Wohnung, mein Auto, mein Büro und mein
  Portemonnaie immer bestens mit allem Nötigen ausstatte.

Beziehungsorientierte Neuner: „Einheit"

- Ich mag das Gefühl, mit jemandem, den ich liebe, einem
  Mitglied meiner Familie, einem Freund, Mentor, einem berühmten Menschen, einem Guru, Haustier, mit der Natur
  oder dem Göttlichen eins zu sein.

- Wenn ich nicht in einer Beziehung stehe, fühle ich mich melancholisch und sehne mich nach Zweisamkeit.
- Ich versuche meinen Partner glücklich zu machen, sowohl um Konflikte zu vermeiden als auch, damit sein oder ihr Glücksgefühl wiederum auf mich abfärbt.
- Meist bin ich so sehr auf meinen Partner konzentriert, daß ich gar nicht mitbekomme, was in mir selbst vorgeht.
- Wenn mein Partner Forderungen an mich stellt, reagiere ich entweder stur, flüchte mich in einen Gefühlsausbruch oder ich mache, was er oder sie will, um Aufregung zu vermeiden.
- Ich gebe oft anderen die Schuld für das, was in meinem Leben nicht richtig läuft.
- Manchmal möchte ich unabhängiger sein und herausfinden, wo meine eigenen Prioritäten und Bedürfnisse liegen und was mein Leben ausmacht.
- Ich kann meinen eigenen Gefühlen am besten dann treu bleiben, wenn ich für unbestimmte Zeit allein bin.

Sozial orientierte Neuner: „Teilhabe/keine Teilhabe"

- Ich schließe mich gern einer Gruppe an, nicht nur, um irgendeine Angelegenheit weiterzubringen, sondern auch, um meine Zeit besser einzuteilen, um die Energie der Gruppe aufzusaugen und mich von ihr beleben zu lassen, um zu sehen, wie ich am besten zu anderen passe, und um zu erkennen, wohin ich mich ausrichten sollte.

- Obwohl ich mich zu Gruppen hingezogen fühle, bin ich nicht immer ganz sicher, ob ich wirklich dazugehören möchte.
- Wenn jemand mich herumkommandiert oder sonstwie unangenehm wird, finde ich oft nicht die richtigen Worte und verhalte mich statt dessen stur oder in mich gekehrt.
- Ich halte mich häufig am Rand. Dadurch muß ich mich nicht voll in die Situation einbringen und habe die Möglichkeit, Konflikten aus dem Weg zu gehen.
- Ich setze meine vermittelnden Fähigkeiten dazu ein, innerhalb einer Gruppe Übereinstimmung herzustellen.
- Ich übernehme oft die Rolle dessen, der sich um alles kümmert. Das entspricht meinem Wunsch, daß alle immer möglichst alles haben sollen.
- Weil ich fast automatisch an allem teilhabe, was so passiert, übernehme ich Kleinigkeiten von anderen Menschen, aber es fällt mir schwer, wahrzunehmen und auszudrücken, was ich selbst eigentlich empfinde.

Flügel

Die Flügel sind die beiden Typen, die jedem Typus unmittelbar benachbart sind. Einser und Neuner gehören wie Achter zum Bauch- oder Wutzentrum des Enneagramms. Achter verlieren leicht den Kontakt mit sich selbst und plustern sich auf, um sich mächtig zu fühlen. Neuner, die diesen Flügel gut entwickelt haben, können sehr effektive Anführer sein. Neuner mit einem starken Einserflügel sind meist fleißig und vertreten hohe ethische Prinzipien.

Neuner mit einem starken Achterflügel sind häufig willensstark, unabhängig, lustorientiert, beständig, aggressiv, konkurrenzbewußt und dickfellig. Dieser Typus schwankt oft zwischen Streitlust und Kompromißbereitschaft.

Neuner mit einem starkem Einserflügel sind meist maßvoll, ruhig, selbstbeherrscht, ordentlich, prinzipientreu, obsessiv-zwanghaft und rechthaberisch.

Es kommt gelegentlich vor, daß Menschen der Außenwelt eher die Charakterzüge eines ihrer Flügeltypen präsentieren als ihren eigentlichen Typus.

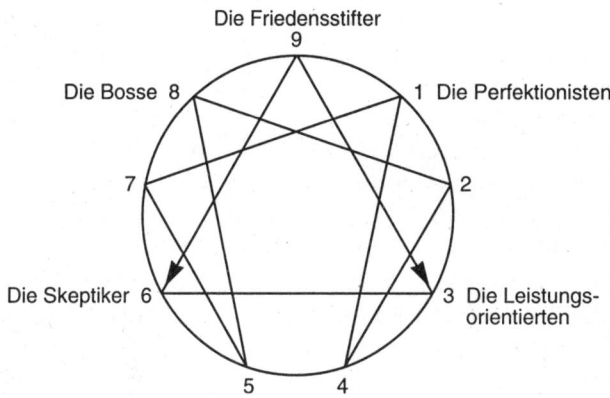

Pfeile

Ihre Persönlichkeit wird auch von den beiden Typen beeinflußt, die mit Ihrem Typus durch Linien verbunden sind, den *Pfeilen* Drei und Sechs.

Wie Flügel und Pfeile Ihr Verhalten in Beziehungen beeinflussen

Wir besitzen eine natürliche Verbindung zu unseren Flügeln und Pfeilen. Sie kommen ins Spiel, ohne daß wir es bemerken: ihre positiven Aspekte, wenn wir uns ruhig und gut aufgehoben fühlen, und ihre negativen Aspekte in Zeiten erhöhter Belastung. Wenn wir an uns selbst etwas verändern wollen,

191

können wir versuchen, die positiven Aspekte unserer Flügel und Pfeile bewußt anzunehmen und ihre negativen Züge zu vermeiden. Vielleicht haben Sie Lust, die Kapitel über Achter, Einser, Dreier und Sechser zu lesen, um mehr über sie zu erfahren.

Sowohl der Achter- als auch der Einserflügel können den Neunern dabei helfen, entschiedener zu werden und starke Bindungen herzustellen.

Entwickeln Sie Ihren Achterflügel, wenn Sie direkter sein wollen und mehr aus sich herausgehen möchten, wenn Sie kraftvoller und unabhängiger sein möchten. Es kann Ihnen sehr guttun, diesen Flügel auch dazu zu benutzen, Ihrem Ärger Luft zu machen.

Ihr Einserflügel kann Ihnen dabei helfen, sich besser zu organisieren und Ihre Aufgaben besser erledigt zu bekommen. Sollte bei Ihnen dieser Flügel dominant sein, so sollten Sie sich bemühen, Ihre Gefühle und Bedürfnisse besser auszudrücken, anstatt sie zu unterdrücken, denn die Frustration, die sich daraus ergibt, kann sich leicht in Wut und Verstimmung verwandeln.

Ihr Dreierpfeil kann Sie dahingehend beeinflussen, daß sie besser praktisch denken können, produktiver und klarer auf ein Ziel konzentriert sind und mehr Selbstvertrauen entwickeln; auf einen bestimmten Zweck hinzuarbeiten wird von Neunern als ganz besonders befriedigend empfunden. Achten Sie jedoch darauf, Ziele zu verfolgen, die Ihnen selbst etwas bedeuten, anstatt hyperaktiv zu werden und nur noch zu arbeiten, um andere zu beeindrucken.

Wenn Sie sich auf Ihren Sechserpfeil hin orientieren, können Sie ehrlicher und freimütiger werden. Ihre Freunde und Ihr Partner werden Ihre Loyalität zu schätzen wissen. Sie sollten jedoch darauf achten, daß die Ängstlichkeit Ihres Sechserpfeils Sie nicht überwältigt, und Unentschiedenheit sowie die Neigung, andere zu beschuldigen, vermeiden.

Neuner in Hochform sind bekannt für ihre Gelassenheit, ihre Ausgeglichenheit und ihre Toleranz. In ihrer Gegenwart fühlen andere Menschen sich wohl. Sie werden geschätzt wegen ihrer Diplomatie, ihrer Lebensklugheit und ihrer Fähigkeit, mit anderen eine starke Einheit zu bilden.

Typische Neuner-Charakterzüge
bei berühmten Leuten und Filmfiguren:
(Spekulationen der Autorinnen)

Leichtlebig und liebenswert: Jimmy Stewart, John Goodman in „Roseanne"

Zärtlich und freundlich: Audrey Hepburn

Fair und gerecht: Abraham Lincoln

Tolerant: Carl Rogers

Spirituell: Mahatma Gandhi, Dalai Lama

Milde: Bing Crosby, Perry Como, Mel Torme, Jerry Garcia, Johnny Mathis, Tony Bennett, Willie Nelson

Melodisch: Johannes Brahms

Leicht abzulenken: Gracie Allen, Hugh Grant in „Vier Hochzeiten und ein Todesfall", Rose in „Golden Girls"

Politisch: Dwight D. Eisenhower, Gerald Ford

Anpassungsfähig: Der Richter Lance Ito[2]

Weise und lebensklug: C. G. Jung

---

[2] Dieser Richter hatte den Vorsitz im Prozeß gegen den Footballspieler O. J. Simpson, der im Verdacht steht, seine Frau ermordet zu haben. Ito trat von seinem Vorsitz zurück, als man ihm Befangenheit nachwies. Anm. d. Ü.

Komisch: John Candy, Tim Conway, Garry Shandling, John Cleese

Klar und freundlich: Hugh Downs, Walter Cronkite, Garrison Keillor

Gesellig und fähig, sich überall schnell einzufügen: Julia Child

Berühmte Paare

Neuner und Einser:	Bill und Hillary Clinton
Neuner und Zweier:	Michael Douglas und Glenn Close in „Eine verhängnisvolle Affäre"
Neuner und Dreier:	Loni Anderson und Burt Reynolds
Neuner und Vierer:	Edie Brickell und Paul Simon
Neuner und Fünfer:	Henry und Margaret in „Wiedersehen in Howards End"
Neuner und Sechser:	Edith und Archie Bunker in „All in the Family"
Neuner und Siebener:	Dan Rowen und Dick Martin
Neuner und Achter:	Gena Rowlands („Wir Schauspieler können es nicht ausstehen, immer nur eine Person zu sein") und John Cassavetes
Neuner und Neuner:	George Burns und Gracie Allen

Friedensstifter in Beziehungen

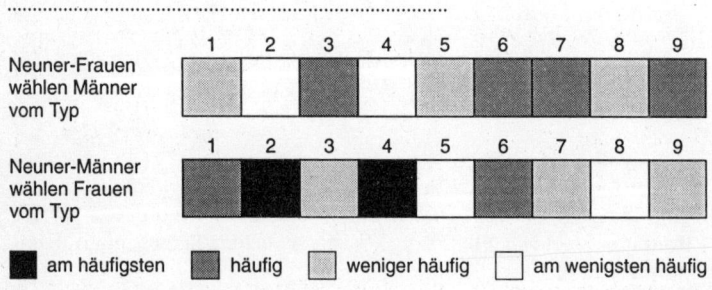

	1	2	3	4	5	6	7	8	9
Neuner-Frauen wählen Männer vom Typ									
Neuner-Männer wählen Frauen vom Typ									

■ am häufigsten   ■ häufig   ☐ weniger häufig   ☐ am wenigsten häufig

Was Neuner über Einser sagen (die Perfektionisten):

Ich mag Einser, weil sie ...
- mir vormachen, wie man sich über das klar wird, was man wirklich will,
- Struktur, Aktivität und Bestimmtheit in mein Leben bringen,
- eine stabile und starke Verbindung mit mir eingehen,
- einen ausgeprägten Sinn für Humor besitzen, besonders stabile Einser,
- hohe ethische Prinzipien vertreten,
- loyal sind und das, was sie vorhaben zu tun, auch wirklich tun.

Ich habe Ärger mit Einsern, weil sie ...
- Probleme damit haben, sich gemeinsam mit mir zu entspannen,
- mich fast zum Wahnsinn bringen, indem sie mich kritisieren, über bestimmte Dinge endlos diskutieren und ewig lang darüber schmoren können,
- sich über Kleinigkeiten und unwichtige Dinge Sorgen machen und sich pausenlos damit beschäftigen,
- meine Friedlichkeit bewundern, aber gleichzeitig versuchen, mich in Wut zu bringen,
- gehässig werden, wenn ich ihren Erwartungen nicht entspreche,
- mir manchmal hinterherkontrollieren, was mich dazu zwingt, unaufrichtig zu sein.

Was Neuner über Zweier sagen (die Fürsorglichen):

Ich mag Zweier, weil sie …
- mir das Gefühl geben, wichtig für sie zu sein und geliebt zu werden,
- verspielt und lebendig sind,
- unser Zuhause zu einem behaglichen und bequemen Ort machen,
- das Beste in mir sehen und mich ermutigen,
- physische Aufmerksamkeit mögen.

Ich habe Ärger mit Zweiern, weil sie …
- wütend werden oder sich beklagen, wenn ich nicht tue, was sie von mir erwarten,
- versuchen, mich dazu zu bringen, das zu tun, was sie wollen, indem sie mir Schuldgefühle einflößen,
- sich aufregen bei dem Gedanken, ich würde mein Potential nicht voll ausschöpfen oder nicht genügend die Initiative ergreifen,
- wütend und verschlossen werden oder mir keine Zeichen ihrer Liebe mehr zukommen lassen, wenn sie sich zuwenig beachtet oder angegriffen fühlen,
- versuchen, meine Gefühle aus mir herauszuquetschen.

196

Was Neuner über Dreier sagen (die Leistungsorientierten):

Ich mag Dreier, weil sie ...
- mir ein gutes Beispiel dafür geben, wie man sich Ziele setzt und sie auch erreicht,
- gemeinsame Aktivitäten in die Wege leiten,
- gesellig, optimistisch und selbstsicher sind,
- über genug Energie verfügen, um Dinge zu tun, von denen ich nur träume.

Ich habe Ärger mit Dreiern, weil sie ...
- mich mit ihrer ewigen Eile nerven,
- mir nicht genügend Nähe geben: sie kommen kaum dazu, sich zusammen mit mir zu entspannen und den Augenblick zu genießen,
- mich dafür kritisieren, daß ich die Dinge zu locker sehe und nicht ebenso hart arbeite wie sie,
- angeberisch und stark auf sich selbst bezogen sein können.

Was Neuner über Vierer sagen (die Romantiker):

Ich mag Vierer, weil sie ...
- mir zuhören, wenn ich etwas zu sagen habe,
- mir das Gefühl geben, wichtig zu sein,
- mitfühlend sind und sich bemühen, die Welt zu verbessern,

- mir dabei helfen, meine Gefühle besser zu erkennen,
- das Schöne im Leben zu schätzen wissen,
- mich in ihre eigene besondere Welt einlassen.

Ich habe Ärger mit Vierern, weil sie ...
- zu pessimistisch und mit sich selbst beschäftigt sind; ich schrecke vor ihrer Melancholie und Bitterkeit zurück,
- sich auf das konzentrieren, was unserem Leben fehlt, anstatt sich an dem zu freuen, was daran gut ist,
- mich angreifen, beschuldigen und versuchen, mich zu ändern,
- mich aufregen, indem sie die Dinge dramatisieren,
- finden, daß ich zu sanft und darum langweilig bin.

Was Neuner über Fünfer sagen (die Beobachter):

Ich mag Fünfer, weil sie ...
- zurückhaltend und freundlich sind,
- sich anhören, was ich zu sagen habe, darüber nachdenken und mir eine wohldurchdachte Antwort geben,
- ihre ungewöhnliche Sicht des Lebens und ihre Visionen mit mir teilen,
- keine unnötigen Forderungen an mich stellen oder mich unter Druck setzen,
- es mögen, wenn wir zusammen sind, ohne daß wir uns die ganze Zeit unterhalten.

Ich habe Ärger mit Fünfern, weil sie ...
- zu selbstgenügsam sind; ich wünsche mir einen Partner, der gern mit mir zusammen ist,
- mir das Gefühl geben, unwichtig zu sein, wenn sie ihre Gefühle und Gedanken zurückhalten,
- mich verletzten, indem sie überkritisch und abrupt sind,
- nicht die Initiative für Aktivitäten ergreifen,
- sich zurückziehen, auf Distanz gehen und schließlich verschwinden.

Was Neuner über Sechser sagen (die Skeptiker):

Ich mag Sechser, weil sie ...
- meine Ruhe zu schätzen wissen,
- loyal sind; bei ihnen weiß ich sicher, daß sie lange Zeit bei mir bleiben,
- sehr spaßig, verspielt, warmherzig und liebevoll sein können,
- in vielen Bereichen Bescheid wissen und kompetent sind,
- sich mitfühlend verhalten, wenn ich mich ängstlich oder wütend fühle.

Ich habe Ärger mit Sechsern, weil sie ...
- sich oft daran stören, daß ich schweigsam bin,
- versuchen, mich zu einer Reaktion zu zwingen oder mich zu beherrschen,
- in dem, was ich sage, eine versteckte Bedeutung suchen,
- mir für alles die Schuld geben, was schiefläuft, nachtragend sein können und mir mit ihrer Paranoia die Laune verderben,
- aus allem, was passiert, gleich ein Riesending machen.

Eine Methode, zu hohem Blutdruck
zu kommen, besteht darin,
Maulwurfshügel mit einem Kletterseil anzugehen.
Earl Wilson

Was Neuner über Siebener sagen (die Abenteurer):

Ich mag Siebener, weil sie ...
- eine positive Ausstrahlung haben,
- Leben und Spaß in unsere Aktivitäten bringen; ich liebe es, mich von ihrem Enthusiasmus wegschwemmen zu lassen,
- einen offenen, alles hinterfragenden Geist besitzen,
- interessante neue Ideen und Pläne, was wir tun könnten, haben,
- idealistisch sind.

Ich habe Ärger mit Siebenern, weil sie ...

- keine neue oder lustige Erfahrung verpassen wollen und darum nicht immer dann nach Hause kommen, wann sie gesagt haben, daß sie kommen,
- ungeduldig reagieren, wenn ich abschweife,
- genau wie ich oft unentschieden sind,
- auf sich selbst bezogen sind,
- alles viel schneller machen als ich.

Was Neuner über Achter sagen (die Bosse):

Ich mag Achter, weil sie ...

- sinnlich, leidenschaftlich und aufregend sind,
- spontan und entschieden handeln,
- mir ein gutes Vorbild sind, wenn ich direkter oder bezwingender sein möchte,
- loyal und freigebig sind,
- unabhängig denken und starke Überzeugungen haben,
- mich ermutigen, meinem Ärger Luft zu machen.

Ich habe Ärger mit Achtern, weil sie ...

- sich mir nach Art einer Dampfloko-
  motive nähern,
- mich anschnauzen, ohne zu merken,
  welche Wirkung das auf mich hat,
- meine Meinung nicht gelten lassen,
- zu intensiv und zu beherrschend sind.
  Anscheinend denken sie, daß sich
  die Welt ohne sie nicht weiterdrehen
  würde.

Was Neuner über Neuner sagen:

Ich mag Neuner, weil wir beide ...

- die gelassene Art des anderen verstehen,
- die Freuden und Annehmlichkeiten des Lebens zu schätzen
  wissen,
- beieinander das Gefühl erzeugen, geliebt und akzeptiert zu
  werden,
- immer bereit sind, das zu tun, was der andere gern möchte –
  wenn wir das nur beide immer so gut wüßten.

Ich habe Ärger mit Neunern, weil wir beide ...

- möchten, daß zwischen uns alles stimmt, und darum even-
  tuelle Probleme gern übersehen,
- Gefühle des
  Ärgers über-
  einander auf-
  bauen, weil
  wir aneinander
  zu vieles tole-
  riert haben,
- zögerlich sind,
- Probleme da-
  mit haben, uns
  für etwas zu
  entscheiden.

Jetzt ist es zu spät! Das ist schon die
zweite Fete, die wir diese Woche verpassen,
bloß weil wir uns nicht entscheiden können,
was wir anziehen!

Dinge, die Neuner nicht im Traum tun würden

☞ Eine Einladung zur Sauna oder zum Golfspielen abzulehnen, nur weil sie ihre Steuererklärung einen Monat früher fertig haben wollen,

☞ bei einem Klassentreffen stundenlang damit anzugeben, wie gut es ihnen geht, ohne andere auch nur einmal zu fragen, wie es *ihnen* geht,

☞ für jeden Tag Listen über das anzulegen, was zu tun ist, und darin keine Zeit für Pausen einzuplanen, und diese Listen streng zu befolgen,

☞ zur Party ihres neuen Freundes/ihrer neuen Freundin das lustigste und ausgeflippteste Outfit anzuziehen, das sie finden können,

☞ ihren Partner bei der Willkommensparty für die neuen Nachbarn anzuschreien und zu beleidigen,

☞ innerhalb einer Dreiergruppe nicht beachtet zu werden und darauf zu bestehen, für den Rest des Abends alle Aufmerksamkeit zu erhalten,

☞ unmittelbar nach der Lektüre dieses Kapitels zu entscheiden, daß sie ein Neuner sind, ohne sich zu überlegen, ob sie nicht doch vielleicht ein anderer Typ sind.

Wie man mit Neunern klarkommt

- Würdigen Sie ihre Freundlichkeit, ihr zartfühlendes Wesen und ihre Geduld.
- Machen Sie ihnen Komplimente, nehmen Sie sie in den Arm und lassen Sie ihnen weitere kleine Liebesbeweise zukommen.
- Würdigen Sie das, was sie tun, anstatt sich auf das zu konzentrieren, was sie nicht tun.
- Seien Sie geduldig, wenn Neuner eine Menge Zeit brauchen, um sich zu entscheiden.
- Seien Sie sich bewußt, daß manche Neuner eine Bitte als Anschuldigung verstehen, wenn sie nicht getan haben, was von ihnen erwartet wurde.
- Gehen Sie sensibel mit Kritik um und seien Sie vorsichtig, wenn Sie sie bitten, etwas Bestimmtes zu tun.
- „Würdest du gerne …" oder „Könntest du mir bei … helfen?" wird von Neunern meist gut aufgenommen, wohingegen sie mit den Zähnen knirschen, wenn Sie sagen „Tu dies!" oder „Du solltest das tun!"
- Vergessen Sie nicht, daß Neuner rebellieren, wenn man sie unter Druck setzt, quengelt oder sich beschwert.

Sie können Neuner zusätzlich unterstützen, indem Sie ...

- ihnen gut zuhören. Neuner brauchen jemanden, bei dem sie ihre Ideen los werden können,
- sie ermutigen, zu sagen, was sie bedrückt,
- ihnen versichern, daß Sie sich nicht von ihnen trennen werden, wenn sie Ihnen etwas abschlagen. Neuner neigen vielfach dazu, die Schotten dichtzumachen, sich unsichtbar zu machen oder sich in Tagträumereien zu verlieren, anstatt es auf eine Zurückweisung ankommen zu lassen,
- ihnen dabei helfen, sich eine friedliche Umgebung zu schaffen,
- sie ermutigen, Ihnen auch mal zu sagen, was *sie* gerne tun, anstatt sich immer dem anzupassen, was Sie und andere gerne tun,
- ihnen dabei helfen, herauszufinden, was sie eigentlich wollen oder wie sie sich fühlen, indem Sie klärende Fragen stellen. Lassen Sie ihnen einige Möglichkeiten zur Auswahl,
- sie liebevoll dazu ermutigen, Prioritäten und Ziele zu setzen.

*Robert fand heraus, was er wirklich gerne tut,
und machte daraus ein florierendes Geschäft.
Bei seinen Kunden war er für seine Loyalität bekannt.*

Der Unfall

Zur weiteren Lektüre

Baron, Renee, Wagele, Elizabeth: Das Enneagramm leichtge-
macht. Entdecken Sie das System der 9 Archetypen. Knaur
6. Aufl. 1996.

Hendrix, Harville: Ohne Wenn und Aber. Die Liebe fürs Leben.
Rowohlt 1993.

Hendrix, Harville: Soviel Liebe, wie du brauchst. Das Therapie-
buch für eine erfüllte Beziehung. Econ 1992.

Hurley, Kathleen V./Dobson, Theodore E.: Wer bin ich? Persön-
lichkeitsfindung mit dem Enneagramm – der Schlüssel zum
eigenen Charakter. Herder Spektrum Bd. 4312, 2. Aufl. 1996.

Naranjo, Claudio: Erkenne dich selbst im Enneagramm. Die
neun Typen der Persönlichkeit. Kösel, 2. Aufl. 1996.

Palmer, Helen: Das Enneagramm in Liebe und Arbeit. Knaur
1995.

Palmer, Helen: Das Enneagramm. Sich selbst und andere verstehen lernen. Knaur 1991.

Rohr, Richard/Ebert, Andreas: Erfahrungen mit dem Enneagramm. Sich selbst und Gott begegnen. Claudius, 5. Aufl.
1996.

Dank

Ein Dankeschön geht an:

Das gesamte Harper-Team für die unschätzbare Hilfe
und an
Linda Allen, unsere Agentin.

Für ihre Mitarbeit am Enneagramm danken wir:
Don Riso, Rusty Hudson, Claudio Naranjo, Oscar Ichazo,
Richard Rohr, Thomas Condon, Rich Byrne, Helen Palmer,
Michael Gardner, Mani Feninger, Kathleen Hurley und
Theodore Dobson. Unser spezieller Dank gilt Maylie Scott
und Tom Clark.

Die Autorinnen sind zu erreichen unter folgender Adresse:

Renee Baron, Elizabeth Wagele
P. O. Box 5802
Berkeley, CA 94705
USA